Inhalt

◁ Die Peter-Paul-Festung 31 ist nicht nur aufgrund ihrer schönen Lage am Wasser ein absoluter Touristenmagnet (001sp Abb.: fo © dmitrygorelov)

Sankt Petersburg auf einen Blick

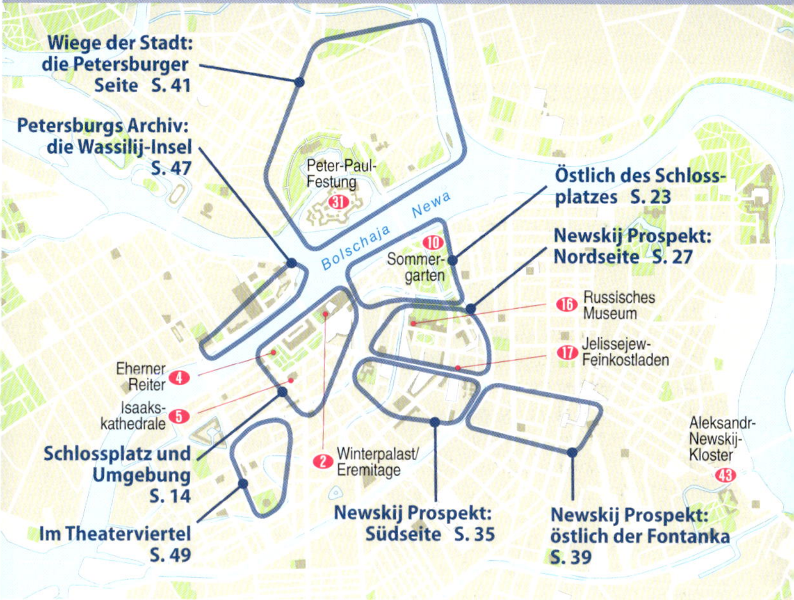

Benutzungshinweise

Zeichenerklärung

★★★ nicht verpassen
★★ besonders sehenswert
★ wichtig für speziell interessierte Besucher

[A1] Planquadrat im Kartenmaterial. Orte ohne diese Angabe liegen außerhalb unserer Karten. Ihre Lage kann aber wie die von allen Ortsmarken mithilfe der begleitenden Web-App angezeigt werden (s. S. 143).

Vorwahlen

- für Russland: 007
- für St. Petersburg: 812

Abkürzungen

Für Straßenbezeichnungen werden folgende Abkürzungen verwendet:

- Ul. *Uliza* (Straße)
- Pr. *Prospekt* (Avenue, breite Straße)
- Per. *Pereulok* (Gasse)
- Pl. *Ploschtschad* (Platz)
- Nab. *Nabereschnaja* (Uferstraße, Kai)
- Bol. *Bolschoj/Bolschaja* (groß)
- Mal. *Malyj/Malaja* (klein)

Angabe von Metrostationen

Aus Platzgründen wird bei Umsteigebahnhöfen nur eine U-Bahnstation genannt.

Transkription

Der Reiseführer verwendet bei der Wiedergabe der kyrillischen Buchstaben die Duden-Transkription, die auf Buchstaben des deutschen Alphabets zurückgreift. Der Autor hat diese Transkription meist auch bei der Wiedergabe von Eigennamen verwendet. Abweichend davon wird bei geläufigen Eigennamen die in Deutschland verbreitete Schreibweise benutzt.

Björn Jungius

CITY|TRIP

ST. PETERSBURG

Nicht verpassen!

Karte S. 5

2 Eremitage [E5]

Mehr als nur eines der weltweit herausragenden Kunstmuseen. In den Prunksälen des Winterpalasts kann man sich verlieren – und würde ohne die Museumsmitarbeiterinnen kaum wieder hinausfinden (s. S. 15).

4 Eherner Reiter [D6]

Das Denkmal Peters des Großen war Russlands erstes Reiterstandbild eines Zaren. Puschkins gleichnamiges Gedicht machte es zu *dem* Symbol für die düstere Seite der Stadt (s. S. 18).

5 Isaakskathedrale [E6]

40 Jahre dauerten die Arbeiten an Petersburgs eindrucksvollstem Sakralbau. Die exzessiv-prächtige Ausstattung lässt selbst den Winterpalast bescheiden erscheinen (s. S. 20).

10 Sommergarten [F5]

Im ältesten Garten der Stadt wollte Peter der Große den russischen Adel bilden und erziehen. Die wundervolle Anlage war ein Novum im Russischen Reich – nicht nur wegen der pädagogischen Absicht, die Peter hier verfolgte (s. S. 25).

16 Russisches Museum [F6]

Von den Ikonen Rubljows bis zu Malewitschs „Schwarzem Quadrat": eine atemberaubende Sammlung russischer Kunst. Die Meisterwerke der berühmtesten russischen Maler sind außerhalb Russlands nur selten zu sehen (s. S. 30).

17 Jelissejew-Feinkostladen [F6]

Viele halten ihn für das schönste Lebensmittelgeschäft der Welt. Ein Besuch in Petersburgs führendem Delikatessenladen ist eine Zeitreise in die *Belle Epoque* und ein Fest für die Sinne (s. S. 32).

31 Peter-Paul-Festung [E4]

Die Festung auf der Haseninsel ist die Wiege der Stadt. Die Peter-Paul-Kathedrale ist zudem die Begräbnisstätte der Romanows (s. S. 41).

43 Aleksandr-Newskij-Kloster [I7]

Auf den verwunschenen Friedhöfen des Newskij-Klosters ruhen die genialsten Petersburger: von Dostojewskij bis Tschaikowskij, von Barclay de Tolly bis Carlo Rossi (s. S. 51).

48 Peterhof [Karte S. 56]

Peterhof ist der originellste der außerhalb der Stadt gelegenen Zarenpaläste. Die Wasserspiele und Brunnenanlagen sind in ihrer Pracht und technischen Raffinesse unerreicht (s. S. 56).

Leichte Orientierung mit dem cleveren Nummernsystem

Die Sehenswürdigkeiten sind im Text und im Kartenmaterial mit derselben **magentafarbenen ovalen Nummer** 1 markiert. Alle anderen Lokalitäten wie Geschäfte, Restaurants usw. tragen ein **Symbol und eine fortlaufende rote Nummer** (1). Die Liste aller Orte befindet sich auf S. 140, die Zeichenerklärung auf S. 143.

ST. PETERSBURG ENTDECKEN

024sp Abb.: blj

St. Petersburg für Citybummler

Wer an einen Bummel durch St. Petersburg denkt, dem kommt natürlich sofort der legendäre **Newskij Prospekt** in den Sinn. Und natürlich ist es der Newskij, die Schlagader der Stadt, den ein Petersburgneuling als Allererstes hinauf- und wieder hinabschlendern sollte: ein Sinne und Verstand gleichermaßen herausforderndes Abenteuer. Der pulsierendste Abschnitt des stolzen, 4,5 km Länge messenden Prospekts erstreckt sich von der Admiralität 3 bis zum Platz des Aufstands 30. Wer diesen Spaziergang zu Fuß absolviert hat, wird bereits viel von Petersburgs glitzernder Oberfläche und einige seiner herausragendsten Bauten gesehen haben.

Im Übrigen kommen Liebhaber ausgedehnter Stadtspaziergänge in St. Petersburg voll auf ihre Kosten. Und tatsächlich können Fußfeste die meisten der in diesem Buch genannten Sehenswürdigkeiten erreichen, ohne auf die Metro oder Busse zurückgreifen zu müssen, etwa die metrotechnisch etwas suboptimal erschlossenene Wassilij-Insel (mit der Strelka 36, der Kunstkammer 37 und dem Menschikow-Palais 38) oder das Mariinskij-Theater 41 und das Jusupow-Palais 40. Aber **Achtung:** Die Entfernungen sind beachtlich. Um zur Petersburger Seite, zum Newskij-Kloster 43 und zum Smolnyj 45 zu gelangen, sollte auch der ambitionierteste Stadtbummler auf die hervorragende **Metro** und gegebenfalls auf die **Stadtbusse** oder das **Taxi** zurückgreifen.

Vorseite: Wo geht's lang? Im Labyrinth des Winterpalasts 2.

Kurztrip nach St. Petersburg

Die vorgeschlagene Stadtbesichtigung deckt möglichst viele Facetten in möglichst kurzer Zeit ab. Gutes Schuhwerk und etwas Durchhaltevermögen sollte man mitbringen – es lohnt sich.

Stadtspaziergang 1. Tag: im Herzen Petersburgs

Morgens

Dieser Spaziergang startet am **Dostojewskij-Denkmal** in der Bol. Moskowskaja Ul. [G7] an der Ecke zum Kusnetschnij Per. (Metrostation Wladimirskaja).

Nachdem man sich vor dem großen Literaten verneigt hat, werden der Kusnetschnij überquert, die **Wladimirkirche** passiert – Dostojewskij war hier häufiger Kirchgänger – und die Straßenseite gewechselt. Am Wladimirskij Pr. biegt man links in den Grafskij Per. und gelangt zur **Ul. Rubinschtejna**, einer eleganten Bar- und Restaurantstraße. Wer noch nicht gefrühstückt hat, kann dies hier tun, z. B. im Fartuk (s. S. 74). Der Rubinschtejna folgt man rechts und erreicht bald den legendären **Newskij Prospekt.** Dort hält man sich links und lässt sich im Menschenstrom zur **Anitschkow-Brücke** 19 treiben, wegen der vier dürftig beschürzten Rossebändigerskulpturen und der sich vor ihnen aufbäumenden Pferde im Volksmund derb „16-Eier-Brücke" genannt.

Man quert die **Fontanka** und biegt auf der anderen Flussseite links in die Nab. Reki Fontanki, der man ein gutes Stück bis zur nächsten Brücke, der unverwechselbaren **Lomonosow-**

003sp Abb.: blj

Brücke mit ihren vier dorischen Pavillonen folgt. Am vor der Brücke gelegenen Lomonosow-Platz geht's rechterhand in die **Rossi-Straße** 25. Der atemberaubende klassizistische Straßenzug führt zum **Ostrowskij-Platz** 24, über den es am **Katharinendenkmal** vorbei zurück zum Newskij geht, der hier auch gleich zur anderen Straßenseite überquert werden kann. Im Menschengewimmel geht's nun links den Newskij hinab, vorbei an einigen der prächtigsten Petersburger Jugendstilbauten: dem **Jelissejew-Feinkostladen** 17 und dem **Singer-Haus** 14, gleich hinter dem **Griboedow-Kanal.** Bevor man den Kanal über die **Kasaner Brücke** passiert, sollte man einen Blick auf die exotische Silhouette der **Bluterlöserkirche** 15 werfen, die rechts am Kanalende sichtbar wird. Der architektonische Gegenentwurf zur Blutkirche steht gegenüber auf der anderen Seite des Newskij: die **Kasaner Kathedrale** 21. Nun schnell weiter, am Singer-Haus vorbei, den Newskij hinab. Mittlerweile dürften auch stramme Läufer das Bedürfnis nach einer kurzen Rast verspüren.

Mittags

Eingekehrt wird im **Marketplace** (s. S. 72), einem SB-Restaurant mit offener Küche, direkt neben der lutherischen **Petrikirche** 13. Wieder gestärkt, wirft man auch gleich einen Blick in den Sakralbau, der heute wieder das Herz der deutschen Gemeinde Petersburgs ist. Noch immer auf dem Newskij, wird dann die **Grüne Brücke** über die **Mojka** gequert und kurz darauf rechts in die Bol. Morskaja Ul. abgebogen. Durch den gewaltigen Torbogen des **Generalstabs** am Ende der Straße tritt man auf den **Schlossplatz** 1. Der erste Blick auf den **Winterpalast** 2 dürfte einer der stärksten Eindrücke dieser Reise bleiben. Der gewaltige Platz wird überquert, der Winterpalast linksseitig passiert und kurz danach die stark befahrene Dworzowaja Nab. Nun steht man auf der **Schlossbrücke** und das berühmte Newa-Panorama entfaltet sich vor den Augen: Links auf der anderen Flussseite liegt die **Wassilij-Insel** (s. S. 47)

Entspannung vom Spaziergang: Blick auf die Admiralitätsseite

004sp Abb.: bij

mit der **Strelka** 36 und der **Kunstkammer** 37, rechts die **Petersburger Seite** (s. S. 41) und die **Peter-Paul-Festung** 31, aus der die Goldene Nadel der **Peter-Paul-Kathedrale** (s. S. 42) gen Himmel ragt. Wer noch gut zu Fuß ist, kann nun die Schlossbrücke überqueren und auf der **Strelka** eine kleine Verschnaufpause einlegen.

Wer gleich weiter möchte, wendet sich vor der Schlossbrücke links und folgt im Rücken der **Admiralität** 3 dem Newa-Ufer, bis der Admiraltejskaja Nab. zum **Senatsplatz** hin gequert werden kann. Hier wacht der **Eherne Reiter** 4, das berühmteste aller Denkmäler für Stadtgründer Peter I. Auch die mächtige goldene Kuppel der **Isaakskathedrale** 5 ist schon zu sehen, die als nächstes angesteuert wird. Je nach Wetterlage steigt man nun entweder zur Kolonnade hinauf und genießt den Ausblick oder stattet dem Inneren des imposanten Baus einen Besuch ab. Vor der Kathedrale endet der Spaziergang dann auf dem **Isaaksplatz** 6.

Eine der schönsten Petersburger Brücken – die Löwenbrücke [D7]

Abends

Je nach Stimmung, Appetit und Standort des Hotels wählt man aus den in diesem Reiseführer gelisteten Möglichkeiten ein nahegelegenes Restaurant und eine Kneipe für den verdienten Absacker. Zu viel Alkohol sollte aber vermieden werden, denn am nächsten Tag geht es schon früh aus den Federn ... Wer gleich nach Ende des Spaziergangs einkehren möchte, dem sei das **Teplo** (s. S. 73) in der Nähe des Isaaksplatzes 6 wärmstens empfohlen.

Routenverlauf im Stadtplan

Die hier beschriebenen Spaziergänge sind mit farbigen Linien im Stadtplan eingezeichnet.

Stadtspaziergang 2. Tag: Wasserspiele und russische Meister

Morgens

Gegen 9.30 Uhr steht man am Löwenpier hinter der Admiralität 3, um ein Ticket für den „Meteor" (s. S. 58) nach **Peterhof** 48 zu erstehen.

Der Rucksack ist mit einem Lunchpaket für den Ausflug gefüllt. Rasant fliegt das Tragflügelboot über die **Kleine Newa** hinaus auf den **Finnischen Meerbusen** und zum Russischen Versailles. Hier genießt man die Zeit im **Unteren Park**, wo die Wasserspiele und das Meerespanorama ausgiebig bestaunt werden. Auch dem Speisehaus, der Eremitage, mit seiner zaristischen Version des „Tischlein-deck-dich" wird ein Besuch abgestattet. Wem es nicht zu viel wird, der kann sich zudem den **Großen Palast** ansehen. Um kostbare Zeit zu sparen, wird auch auf dem Wasserweg nach Petersburg zurückgekehrt, wo der „Meteor" wieder an der Admiralität verlassen wird.

Mittags

Auf der Dwortsowaja Nab. hält man sich links, passiert den **Winterpalast** 2 und biegt vor der Eremitage-Brücke rechts in die malerische Gasse am Winterkanal ein. An der Nab. Reki Mojki angekommen, geht es nach rechts, dann quert man die erste Brücke auf die andere Seite, hält sich weiter rechts und erreicht bald das vegetarische Restaurant **Troitzkij Most** (s. S. 75). Hier gönnt man sich den wohlverdienten Lunch.

Gesättigt geht es weiter. Rechts der Nab. Reki Mojki folgend gelangt man zum Konjuschennyj Per., in den man rechts abbiegt und über den Gribœdow-Kanal zur **Bluterlöserkirche** 15 gelangt, hinter der sich der Eingang in den **Michaelsgarten** befindet. Im Garten steuert man geradewegs auf das **Russische Museum** 16 zu und gelangt über den Hintereingang in das wundervolle Museum, in dem die nächsten zwei bis drei Stunden verbracht werden können.

Abends

Erschlagen von all den Eindrücken verlässt man das Museum auf der Vorderseite. Nun ist die Zeit für ein **georgisches Abendessen** gekommen. Immer links die Inschenernaja Ul. entlang geht es über die Fontanka direkt zur Ul. Belinskogo, wo man sich im **Lagidse** (s. S. 74) gehörig den Bauch vollschlagen kann.

Stadtspaziergang 3. Tag: Finale. Eremitage, Sommergarten und mehr

Morgens

Der Morgen sollte mit einem ausgiebigen Frühstück begonnen werden, denn dann gibt es erst mal nichts zu essen: Die erste Hälfte des Tages gehört nämlich der **Eremitage** 2. Gleich um 10.30 Uhr, wenn das Museum öffnet, sollte man dort sein. Dann bleibt nämlich genug Zeit für eine ausgiebige Besichtigung, für die als absolutes Minimum drei Stunden eingeplant werden sollten. Nicht verpassen sollte man Leonardos „**Madonna Benois**" (Raum 214) und Rembrandts „**Rückkehr des verlorenen Sohnes**" (Raum 254). Wieder im Erdgeschoss, genießt man im Café eine Stärkung und schaut sich in den Museumsshops nach dem einen oder anderen Erinnerungsstück

Das gibt es nur in St. Petersburg

› ***Die Goldenen Nadeln:*** *Wie goldglänzende Nadeln durchstechen sie den Himmel, die Turmspitzen der Admiralität* ❸ *und der Peter-Paul-Kathedrale (s. S. 42), eine die andere zitierend, beide Ausdruck der himmelhohen Ambitionen der Stadt. Weithin sichtbar, sind sie bis heute die markantesten Orientierungspunkte auf der Petersburger und der Admiralitätseite.*

› ***Weiße Nächte:*** *Die Weißen Nächte sind Legende und Mythos zugleich. Wenn von Ende Mai bis Mitte Juli in der nördlichsten Millionenstadt der Welt das Tageslicht nicht mehr weichen möchte, sich die Grenzen zwischen Tag und Nacht in einem silber- und purpur-durchhauchten Schimmer aufheben, herrscht jene magisch-feierliche Atmosphäre, die es wirklich nur an der Newa gibt.*

› ***Literaturmuseen:*** *Puschkin, Gogol und Dostojewskij sind nur die bekanntesten der vielen wundervollen Literaten, die in Petersburg lebten und über die Stadt schrieben. Als „Petersburger Text" fand ihre künstlerische Auseinandersetzung mit der russischen Kapitale Eingang in die Literaturwissenschaft. Die einstigen Schriftsteller-Wohnungen sind heute liebevoll eingerichtete Museen – die Dichte an Literaturmuseen dürfte einmalig sein.*

› ***Piterskij Rock:*** *In den 1980er-Jahren war Leningrad Geburtsstadt des russischen Rock. Bands wie DDT, Akwarium, Kino oder AukzYon sind in der gesamten ehemaligen Sowjetunion legendär. Ihre Musik, die verschiedenste musikalische Einflüsse verarbeitete, forderte nicht nur in der herrschenden Unterhaltungsmusik auf radikale Weise den Status quo heraus. All die Straßenmusiker, die heute mit ihren E-Gitarren den Newskij rocken, stehen symbolisch in der Nachfolge dieser Bands. Akwarium und AukzYon geben bis heute regelmäßig Konzerte in der Stadt.*

› ***Denkmal für einen Wodka trinkenden Zeisig:*** *11 cm misst der bronzene Zeisig, der beim Michaelsschloss* ⓬ *am Mojka-Ufer sitzt. Die winzige Skulptur erinnert an ein Petersburger Trinklied: „Zeisig, wo warst du nur? An der Fontanka, trank Wodka pur ..." Der Zeisig im Lied steht freilich für die trinkfesten Studenten der einstigen Kaiserlichen Juristischen Fakultät, wegen ihrer gelb-grünen Schuluniformen „Zeisige" genannt.*

054sp Abb.: sas

Pionier des Piterskij Rock: Graffiti von Wiktor Zoi

um. Wieder auf dem Schlossplatz 1, geht man links den Palast entlang, bis die mächtigen **Atlanten** erreicht sind, die den Portikus der Neuen Eremitage stemmen. Es wäre ein Jammer, sie nicht aus der Nähe gesehen zu haben.

Mittags

Nun folgt man immer der noblen Millionaja Ul. und passiert den **Marmorpalais** 8, vor dem im Hof das **„Nilpferd“**, Trubezkojs sensationelle Reiterstatue Alexanders III., Wache hält. Weiter geht es zum **Marsfeld** 9, in dessen Mitte die erste Ewige Flamme der Sowjetunion entzündet wurde. Sie brennt auch heute noch. Am Dworzowaja Nab. überquert man den **Schwanenkanal** [F5] und steht nun am Eingang des **Sommergartens** 10. Das wundersame **Krylow-Denkmal** und **„Amor und Psyche“** entgehen nicht der Aufmerksamkeit. Quer durch den Sommergarten gelangt man am zweiten Ausgang, mit bestem Blick auf die Nordfassade des **Michaelsschlosses** 12, auf die Nab. Reki Fontanki. Links wird die Fontanka gequert und in der Ul. Pestelja im **Botanika**, Petersburgs erstem vegetarischen Restaurant, zu Mittag gespeist (s. S. 75). Wer will, kann zuvor einen kleinen Abstecher machen und dem **Tschischik** 11 an der Ingenieursbrücke eine Münze an den Kopf werfen. Wem dies gelingt, dem wird sicher schon bald ein Wunsch in Erfüllung gehen ...

Zu Beginn der zweiten Hälfte des Nachmittags fährt man mit der Metro von der Station Newskij Pr. zur **Peter-Paul-Festung** 31. Wer meint, bereits genug historisch-kulturellen Input erfahren zu haben, kann sich alternativ dem Shopping widmen: der **Gostinyj Dwor** 23 und die **Passasch** sind

> EXTRATIPP
>
> **Praktischer Hinweis für Flaneure**
>
> Petersburg ist für endlose Erkundungsgänge wie gemacht. Im Zentrum mit seiner eindrucksvollen Altbausubstanz gilt es, zahllose architektonische Entdeckungen abseits der üblicherweise in Reiseführern gelisteten Hauptsehenswürdigkeiten zu machen. **Petersburganfänger** sollten ihre ersten Rundgänge auf der Admiralitätsseite beginnen (s. Stadtspaziergang 1. Tag, S. 8). Die Wassilij-Insel und die Petersburger Seite können dann (abseits der Hauptsehenswürdigkeiten) bei folgenden Reisen ausführlicher erschlossen werden. **Hinweis:** Leider sind Haustüren und Hofzugänge mittlerweile fast immer verschlossen, der Zugang zum parallelen Universum der Petersburger Hinterhöfe für Uneingeweihte also kaum mehr möglich. Stadtführer bieten aber entsprechende Hinterhoftouren an (s. S. 120).

hierfür die ersten Adressen. Wer die erste Option wählt, der kann sein Abendessen im gemütlichen **Tscherdak** (s. S. 73) unweit der Festung einnehmen. Wer auf dem Newskij unterwegs ist, dem sei zum Abschluss der Reise für zünftiges russisches Essen das **Gosti** (s. S. 73) nahegelegt.

Abends

Den letzten Abend in der Stadt kann man klassisch – im **Mariinskij** 41 oder in der **Philharmonie** (s. S. 80) – oder rockig ausklingen lassen: Im **Kamtschatka**, dem **G.A. Blues Club** (s. S. 78) oder in der **Fish Fabrique** (s. S. 78) spielt eigentlich fast immer eine Live-Band ...

Schlossplatz und Umgebung

1 Schlossplatz (Дворцовая площад) ★★★ [E6]

Der Schlossplatz mit seinem atemberaubenden architektonischen Ensemble aus Winterpalast/Eremitage 2 und Generalstab ist Petersburgs repräsentativster und geschichtsträchtigster Ort. Nirgends sind Glanz und Größe der einstigen Zaren-Hauptstadt eindrücklicher erfahrbar als hier.

Die monumentale Platzanlage – mit einer Fläche von etwa 80.000 m² mehr als dreimal größer als der Rote Platz in Moskau – ist das Hauptwerk des italienischen Architekten Carlo Rossi, dessen imperialer Klassizismus Petersburgs Gesicht im 19. Jh. entscheidend prägte. Als Kontrapunkt zum bereits bestehenden Winterpalast entwarf Rossi 1819 das kolossale Halbrund des **Generalstabsgebäudes** an der Südseite des Platzes. Seine Flügel sind durch einen von einer Quadriga bekrönten Triumphbogen verbunden. Seit Dezember 2014 beherbergt der **Ostflügel des Generalstabs** die **Sammlung Moderner Kunst der Eremitage** 2. Als Ausstellungsort der Manifesta 10, die 2014 in Petersburg zu Gast war, wurde er bis Ende 2013 spektakulär renoviert.

In der Platzmitte erinnert die 47 m hohe **Alexandersäule** unübersehbar an den Sieg im „Vaterländischen Krieg“ 1812. Die 600 Tonnen schwere Siegessäule, ein Monolith aus rotem Granit, wurde 1832 aufgestellt. Der kreuztragende Engel auf ihrer Spitze hat die Gesichtszüge Alexanders I., in dessen Herrschaftszeit der epochale Triumph über Napoleon I. fiel.

Der Schlossplatz mit Winterpalast und Alexandersäule

Am 22. Januar 1905, dem Petersburger „Blutsonntag" (s. S. 96), spielte sich am Schlossplatz ein Ereignis ab, das die Romanow-Dynastie in ihren Grundfesten erschütterte. Regierungstruppen schossen auf einen friedlichen, zarentreuen Demonstrationszug, der Nikolaus II. im Winterpalast lediglich eine Bittschrift überbringen wollte. Das Massaker zerstörte den Mythos vom „guten Zaren" und bereitete den Boden für die kommenden revolutionären Umwälzungen.

› Metro Admiraltejskaja

2 Winterpalast/ Eremitage (Зимний дворец/ Эрмитаж) ★★★ [E5]

Der Winterpalast war von 1732 bis 1917 die offizielle Residenz der russischen Zaren. Rastrelli, der unerreichte Meister des Petersburger Barock, schuf den Palast, der auf äußerst eindrucksvolle Weise das imperiale Selbstverständnis der Romanows spiegelt. Die mintgrüne Fassadenfront erstreckt sich über 250 m, im Inneren erwartet ein Labyrinth von 1500 Sälen und 117 Treppenaufgängen den Besucher. Seit 1917 ist der Palast staatliches Museum – mitsamt den Kunstschätzen, die die Zaren seit Katharina II. begeistert angesammelt hatten. Das im Palast angesiedelte Eremitage-Museum ist mit seiner heute über 3 Mio. Gegenstände zählenden Sammlung eines der weltweit bedeutendsten Kunstmuseen.

025sp Abb.: blj

Der Palast

Rastrelli erbaute den **Winterpalast** von 1754 bis 1762 für Zarin Elisabeth I. Es war bereits der vierte Palastbau an dieser Stelle.

Er sollte alle vorigen als geradezu bescheidene Absteigen erscheinen lassen. In den folgenden knapp 100 Jahren wurde Rastrellis Hauptpalast um vier Anbauten ergänzt: Die klassizistische **Kleine Eremitage** entwarf de la Mothe 1764–75 für Katharina II., die sich einen privaten Rückzugsort vom riesigen Winterpalast wünschte. Sie nannte den Anbau *Eremitage* (franz. für „Einsiedelei"). Hier hängte sie auch ihre ersten Bilder auf, die sie 1764 von einem Berliner Kaufmann erworben hatte. Von einer wahren Sammelleidenschaft besessen, unterhielt die Zarin bald in ganz Europa ein Netz von Agenten, die Kunstwerke für sie ankauften – bis zu ihrem Tod kamen fast 4000 Gemälde sowie weitere Kunstgegenstände zusammen, Grundstock der heutigen Sammlung.

Die stetig steigende Bilderflut war auch der Grund für den Bau der **Großen Eremitage**, die Georg Veldten 1787 zur Unterbringung der Neuerwerbungen ergänzte. Sie ist über eine Galeriebrücke mit dem ebenfalls 1787 fertiggestellten **Eremitage-The-**

026sp Abb.: sas

ater verbunden. Das von Quarenghi geschaffene Schauspielhaus diente als hauseigene Bühne der Zaren. Letzter Anbau war die 1852 eröffnete **Neue Eremitage**, entworfen vom bayrischen Hofarchitekten Leo von Klenze. Hier wurde die zaristische Sammlung erstmals einer – adeligen – Öffentlichkeit zugänglich gemacht. Das Gebäude wurde vor die Alte Eremitage gesetzt, die dazu in Teilen abgerissen wurde. Als einziger Anbau weist die Neue Eremitage nicht auf die Newa. Hoch berühmt ist ihr von **zehn Atlanten** gestemmter Portikus.

Das Museum

Der Besuch des **Eremitage-Museums** ist für viele *das* Highlight ihrer Petersburg-Reise. Aufgrund der gewaltigen Größe des Museums sollten dafür mindestens 3 bis 4 Stunden veranschlagt werden. Die 65.000 Exponate umfassende Dauerausstellung verteilt sich auf etwa 350 Räume und drei Stockwerke in Winterpalast, Kleiner, Großer und Neuer Eremitage und dem Generalstabsgebäude. Gezeigt wird quasi das gesamte künstlerische Schaffen der Menschheitsgeschichte: altsteinzeitliche Artefakte, antike Skulpturen, skythische, ägyptische, islamische, asiatische etc. Kunst, die Alten Meister der europäischen Malerei ... Die **Sammlung moderner Kunst** ab dem 19. Jh. (Monet, Gaugin, Matisse, Picasso, Kandinsky usw.) ist 2014 in den Ostflügel des zur „Manifesta 10" spektakulär renovierten Generalstabs umgezogen (s. S. 14).

Zur Orientierung ein knapper Überblick: Im wenig besuchten **Erdgeschoss**, das den Charme eines sowjetischen Museums versprüht, finden sich die prähistorischen Kulturen, Objekte der Skythen und Altai-Stämme und die Antikensammlung. Umso überwältigender ist der **1. Stock**, in dem Palastprunk und eine Überfülle an Gemälden die Sinne nahezu überfordern. Zu sehen sind in unglaublich dichter Hängung herausragende Werke der europäischen Kunst des 13. bis 19. Jh.: Die italienischen Meis-

⌃ *Beeindruckende Deckenmalereien in der Eremitage*

ter (Leonardo, Raffael, Tizian, Caravaggio ...), die Spanier El Greco, Goya und Velazquez, sehr umfangreich die flämische und niederländische Schule (allein 22 Gemälde von Rubens und 20 Gemälde Rembrandts, darunter die „Rückkehr des verlorenen Sohnes“) und vieles mehr. Im **Leonardo-Saal** (Nr. 214) hängt eines der großen Juwelen des Museums, Leonardos Madonna Benois.

Bei all der Kunst sollte man sich einen wachen Sinn für den historischen Ort und die überwältigende Pracht des einstigen Zarenpalasts bewahren. Schlicht gewaltig ist die **Jordantreppe,** der repräsentative barocke Hauptaufgang, über den man in den 1. Stock gelangt. Im exquisiten **Pavillonsaal** (Nr. 204) findet sich die berühmte mechanische **Pfauen-Uhr,** eine Arbeit des britischen Goldschmieds James Cox, die Katharina II. 1781 erwarb. Jeden Mittwoch um 19 Uhr wird der aufwendige Mechanismus vorgeführt, sonst kann man das Spektakel auf dem Fernseher neben der Uhr betrachten. Ein Prunkstück unter all den prachtvollen Sälen ist der **Malachitsaal** (Nr. 304) – seine Säulen und Kamine sind mit dem wundervollen grünen Mineral verkleidet. Im benachbarten **Weißen Speisesaal** tagte 1917 die liberale Übergangsregierung Kerenskijs vor der Einnahme des Palasts durch die Bolschewiki in der schicksalhaften Nacht des 7. November.

Im 2. Stock dominieren die **orientalischen Sammlungen.** Die hier einst gezeigten Meisterwerke der modernen europäischen Malerei sind mittlerweile im gegenüberliegenden Generalstabsgebäude zu sehen: Zu den großen Highlights zählen hier sicher Matisses Werke „Tanz“ und „Musik“ – beides Auftragswerke für den bedeutenden russischen Kunstmä-

EXTRATIPP

Clever durch die Eremitage

- Damit man wirklich sieht, was man sehen möchte, sollte man sich vorab einen **Besuchsplan** erstellen. Eine Online-Übersicht über interessante Gemälde gibt z. B. die nützliche Seite www.art hermitage.org. Den Museumsplan gibt es kostenlos am Eingang – mitnehmen!
- Wie Theseus im Labyrinth des Minotaurus bräuchte man eigentlich einen Faden, um den Überblick über die bereits gelaufenen Wege zu behalten. Wer sich verlaufen hat oder mehr über die Kunstwerke erfahren will, sollte die **Museumsmitarbeiterinnen** fragen, die in jedem Raum sitzen. Sie sprechen meist etwas Englisch.
- **Individuelle Entdeckungen** machen: Das Herausragende an der Eremitage ist, dass es zahllose interessante Werke weniger bekannter Maler zu sehen gibt. Also: Nicht nur auf die bekannten Meister konzentrieren, sondern sich „treiben lassen“.
- Wer in der Hauptsaison kommt, kann seine Eintrittskarte im Generalstab (s. S. 14) kaufen, wo die Schlangen meist kürzer sind – oder auf www.hermitageshop.org/tickets ein **Online-Ticket** kaufen. Das Ticket druckt man aus, den Strichcode scannt man an den Drehkreuzen. Es gibt auch einen separaten Eingang für Inhaber von Online-Tickets. Von Mitte Sept. bis Ende April wartet man dagegen an der Kasse selten länger als 15 Min.
- Im Erdgeschoss gibt es kostenloses **Internet,** gute **Souvenirläden** und ein **Café.**

zen Sergej Schtschukin. Aus dessen nach 1917 verstaatlichter Sammlung stammen auch viele andere der hier zu sehenden Gemälde, etwa die zahllosen Picassos.

› Dwortsowaja Pl. 2, Eingang Generalstab: Dwortsowaja Pl. 6/8, Metro Admiraltejskaja, www.hermitagemuseum.org, Eintritt: 700 Rub inkl. Generalstab, Studenten frei, erster Do. des Monats frei, Di., Do., Sa./So. 10.30–18, Mi., Fr. 10.30–21 Uhr, geschlossen: Mo. und am 1.1. und 9.5.
› **Achtung:** Die Schatzkammer kostet einen gesonderten Eintritt von je 350 Rub für das Goldene Zimmer und das Diamantzimmer (Zugang zu diesen Räumen nur im Rahmen einer Führung, Zugang begrenzt, keine Online-Tickets). Besonders das Goldene Zimmer mit seiner fantastischen Sammlung skythischer Goldschmiedekunst lohnt eine Extrainvestition. Die Schatzkammer ist nur bis 15 Uhr geöffnet!

3 Admiralität (Адмиралтейство) ★★ [E6]

Die alte Werft mit der charakteristischen Goldenen Nadel als Turmspitze ist vielleicht Petersburgs bekanntestes Wahrzeichen. 72 m ragt die Nadel in die Höhe und ist als Fokuspunkt der Newskij-Perspektive vielerorts im Stadtzentrum sichtbar.

Wie kein zweites Gebäude symbolisiert die Admiralität die maritimen Ambitionen Peters I. Sein Wunsch nach einem Ostseehafen und einer mächtigen Ostseeflotte spielte schließlich die wichtigste Rolle bei der Entscheidung, die neue Hauptstadt ausgerechnet im sumpfigen Newa-Delta aus dem Boden stampfen zu lassen. Ab 1704 wurde die Admiralitätswerft an ihrem heutigen Standpunkt erbaut. Zwei Jahre später liefen die ersten Schiffe vom Stapel. 1715 arbeiteten hier bereits bis zu 10.000 Arbeiter. Als sich Zarin Anna 1737 für eine Verlagerung des Stadtzentrums auf die Admiralitätsseite entschied – Peter hatte dafür noch die Wassilij-Insel vorgesehen – wurde die Werft ins Zentrum der städtischen Perspektive gerückt. Als zentrale Achsen gehen seitdem der Wosnesenskij Pr., die Gorochowaja Ul. und der Newskij Pr. strahlenförmig vom Admiralitätsgebäude aus.

Ihr heutiges Aussehen verdankt die Werft Andrejan Sacharow. Er schuf den monumentalen, U-förmigen Bau im Stil des Empire-Klassizismus, dessen der Stadt zugewandte Fassade sich über 400 m erstreckt. Am **Haupttor**, bekrönt mit der berühmten Goldenen Nadel, fallen die prächtigen Reliefs und Skulpturen ins Auge. Beiderseits des Tores sind Nymphen gruppiert, die eine Erdkugel tragen. Das 22 m lange **Hochrelief** darüber zeigt Meeresgott Neptun, der Peter I. als Symbol für dessen Herrschaft über das Meer einen Dreizack überreicht. Auf der goldenen Nadelspitze dreht sich als Wetterfahne ein kleines Segelschiff, liebevoll *Korablik* („Schiffchen") genannt. Seit 2012 ist die Admiralität Hauptquartier der russischen Flotte, Touristen haben keinen Zutritt.

› Admiraltejskij Pr. 1, Metro: Admiraltejskaja

4 Eherner Reiter (Медный всадник) ★★★ [D6]

Das Reiterstandbild Peters des Großen auf dem Senatsplatz inspirierte Puschkin 1833 zu seinem Meisterwerk „Der eherne Reiter". Spätestens mit diesem Gedicht wurde das Standbild zum zentra-

len Symbol für die Ambivalenz des übermächtigen Zaren und seiner Stadtgründung.

Katharina II. gab das **Denkmal für den Stadtgründer** 1766 in Auftrag. Der französische Bildhauer Etienne-Maurice Falconet arbeitete zwölf Jahre daran und gestaltete es in wahrlich aufsehenerregender Art und Weise. Mit herrischer Geste sitzt Peter im Sattel eines sich aufbäumenden Pferdes, das mit den Hinterhufen eine Schlange (Symbol für die Feinde des Zaren) zermalmt. Ross und Reiter thronen auf einer mächtigen, aus einem einzigen Granitfels gehauenen Welle. Katharina versah den Sockel mit der Widmung *„Peter dem Ersten – Katharina die Zweite – 1782“* (auf Lateinisch und Russisch). Die Zarin setzte sich so selbstbewusst in die direkte Nachfolge Peters und verewigte nicht zuletzt auch gleich ihren eigenen Namen. Die Enthüllungsfeier 1782, im Beisein Katharinas und Tausender Petersburger, war Spektakel und Machtdemonstration in einem.

„Der Zwingherr mit dem erznen Haupte“ (Puschkin): Peters Reiterstandbild

Gute 50 Jahre später schrieb **Puschkin** das Poem **„Der eherne Reiter“**. Im Gedicht erwacht das Standbild zum Leben und treibt einen kleinen Beamten, der es zuvor beschimpft hat, in den Wahnsinn und den Tod. Die zentralen Motive der späteren Petersburgliteratur – Zarenallmacht, individuelle Ohnmacht, Hochwasser, Wahnsinn, Scheinwirklichkeit und Spuk – führte Puschkin mit diesem wegweisenden Werk in die russische Literatur ein.

Auf der Westseite des Platzes erstreckt sich ein klassizistisches Monumentalwerk Carlo Rossis – die durch einen Triumphbogen verbundenen Gebäude des **Senats und des Synods,** einst Sitz der höchsten weltlichen (Senat) und geistlichen (Synod) Institutionen des Zarenreichs. Heute residiert hier u. a. das russische Verfassungsgericht. Am 26.12.1825 wurde der Senatsplatz zur dramatischen Bühne des **Dekabristenaufstandes** (s. S. 95), der ersten antizaristischen Erhebung der russischen Geschichte.

› Metro: Admiraltejskaja

5 Isaakskathedrale (Исаакиевский собор) ★★★ [E6]

Die mit Abstand größte Kathedrale der Stadt, einst die größte Russlands, erinnert mit ihrer kolossalen Kuppel an den römischen Petersdom. Alles an ihr ist gewaltig: die Maße (bis zu 14.000 Menschen finden im Innern Platz), die Erlesenheit und schiere Menge der verbauten Materialien (Gold, Malachit, Lapislazuli, Marmor ...) und natürlich die Baukosten (mit 23 Mio. Silberrubeln war der Bau sechsmal teurer als der Winterpalast 2).

Die **erste Isaakskirche** war noch ein **bescheidener Holzbau** mit geteertem Dach. Peter I. ließ sie 1710 errichten und benannte sie nach dem Heiligen Isaak von Dalmatien – sein Geburtstag fiel auf den kirchlichen Feiertag des Heiligen. In diesem anspruchslosen Ambiente heiratete Peter 1712 seine zweite Frau Katharina. Die heutige Kathedrale ist der dritte steinerne Nachfolgebau dieser Holzkirche. Eindrucksvoll dokumentiert sie die Entwicklung Petersburgs zur allmächtigen Imperiale. Statt eines Teerdaches ragt nun eine **goldene Kuppel** über 100 m hoch in den Stadthimmel.

Für ihren Bau ließ Alexander I., unzufrieden mit der damaligen Kirche, 1809 einen Wettbewerb ausschreiben. Den Zaren überzeugte ein Monumentalentwurf im klassizistischen Empirestil des jungen französischen Architekten **Auguste Montferrand.** 40 Jahre, von 1818 bis 1858, zogen sich die technisch höchst anspruchsvollen Bauarbeiten. Allein zur Fundamentierung mussten auf dem sumpfigen Gelände 11.000 geteerte Kiefernstämme im Boden versenkt werden. Um dem Bau zusätzlich Halt zu geben, wurde er mit vier gewaltigen **Portiken** umgeben. Sie bestimmen heute neben der goldenen Kuppel den visuellen Eindruck der Kathedrale.

Im Innern verschlagen die Größe des Kirchenraumes und die prunkvolle Ausstattung dem Besucher fast den Atem. Die riesige **Ikonostase** ist mit zwölf korinthischen Bronzesäulen geschmückt, von denen zwei mit Lapislazuli, die übrigen mit Malachit verkleidet sind. In ihrer Mitte glänzt das Zarentor, der Zugang zum Altarraum. Dort befindet sich das berühmte **Buntglasfenster** des Münchner

028sp Abb.: sas

< Der Senatsplatz, dahinter die goldene Kuppel der Isaakskathedrale

> Atemberaubend: das Innere der Isaakskathedrale

029sp Abb.: blj

Malers Heinrich von Hess. Es zeigt den auferstandenen Jesus und rückt bei geöffnetem Altarraum wie von Zauberhand in die Mitte der Ikonostase. Die Ausmalung der über 800 m² großen Kuppel – sie zeigt Maria im Kreise der Apostel und Evangelisten – stammt von Karl Brjullow. Von der Kuppelmitte hängt heute wieder eine **versilberte Bronzetaube,** Symbol des Heiligen Geistes. Die Sowjets, die die Kirche 1931 schlossen und in ein Museum des Atheismus umwandelten, hatten hier, durchaus originell, ein 93 m langes Foucaultsches Pendel herabbaumeln lassen – zum Beweis der Erdrotation. Interessante Ausstellungsstücke sind die Modelle der Vorgängerkirchen und **Montferrands Büste,** gefertigt aus allen 43 Mineralien, die beim Bau der Kathedrale Verwendung fanden.

Im Januar 2017 wurde die Kathedrale wieder an die Orthodoxe Kirche übergeben. Die Museumsfunktion des Baus soll aber angeblich erhalten bleiben. Wiederholt gab es Demonstrationen gegen die geplante Übergabe, auch der russische Museumsverband positionierte sich dagegen.

› Isaakiewskaja Pl. 1, Metro Admiraltejskaja, http://eng.cathedral.ru, Eintritt: 250 Rub, Abendbesuch 400 Rub, Kolonnade: 150 Rub, Abendbesuch 300 Rub, Do.–Di. 10.30–18 Uhr, Abendbesuch 18–22.30 Uhr (nur vom 1.5. bis 30.9.). Abendbesuch Kolonnade 18–22.30 Uhr (1.5.–31.10.), in den Weißen Nächten (1.6.–20.8.) bis 4.30 Uhr! Letzter Einlass jeweils 30 Min. vor Schließzeit.

EXTRATIPP

Himmlische Aussicht

Nicht verpassen sollte man den Aufstieg auf die in 43 m Höhe angelegte Kolonnade an der riesigen Kuppel: 262 Stufen gilt es zu erklimmen, dann liegen einem Winterpalast 2, Admiralität 3, Newa und Isaaksplatz 6 zu Füßen. Ein fantastischer Ausblick!

6 Isaaksplatz (Исаакиевская площадь) ★★ [E6]

Die Platzmitte beansprucht ein **berühmtes Reiterstandbild.** Es zeigt Nikolaus I. in militärischer Pose, angetan mit der Uniform der Gardekavallerie – also so, wie ihn seine Umwelt sah, als „Gendarmen Europas“. Geprägt durch die traumatische Erfahrung des Dekabristenaufstandes am 26.12.1825 – es war Nikolaus' erster Tag als neuer Zar – unterdrückte er oppositionelle Strömungen im Land fortan mit harter Hand.

Das Denkmal wurde von Peter Klodt geschaffen. Ihm gelang das Kunststück, ein Reiterstandbild zu konstruieren, das – weltweites Novum – nur zwei Stützpunkte benötigte. Die gesamte Statik ruht auf den Hinterbeinen des Pferdes.

An der Ostseite des Platzes liegen nebeneinander zwei der ehrwürdigsten Petersburger Hotels: das **Astoria** (s. S. 122) und das **Angleterre.** Das distinguierte Astoria öffnete seine Pforten 1912. Es gilt als wichtiges architektonisches Zeugnis der „Petersburger Moderne“. Entworfen wurde es von Fjodor Lidwal, der hier Jugendstil und neoklassizistische Strenge in einen harmonischen Einklang bringt. Zu den vielen weltberühmten Gästen des Hotels zählte Michail Bulgakow, der im Raum 412 an seinem Roman „Meister und Margarita“ schrieb. Auch der amerikanische Journalist John Reed, der große Chronist der Oktoberrevolution, wohnte hier. Die Nazis planten übrigens, im Bankettsaal des Hotels ihre Siegesfeierlichkeiten nach der Einnahme Leningrads abzuhalten – dazu kam es glücklicherweise nicht.

Die mit 97 m breiteste Brücke der Welt, die **Blaue Brücke**, quert die Mojka im südlichen Bereich des Platzes. Wegen ihrer enormen Breite ist sie nicht sofort als Brücke erkennbar. Sie wirkt wie eine ebenerdige Fortsetzung des Isaaksplatzes (bzw. wie ein großer Parkplatz). Erst aus der Nähe lässt sich das blaue Brückengeländer ausmachen. Auf der anderen Mojka-Seite rundet das 1844 fertiggestellte, klassizistische **Marienpalais** das Panorama ab. Es war nach der Februarrevolution 1917 Sitz der liberalen provisorischen Regierung. Heute ist hier das Petersburger Stadtparlament zu Hause.

Den besten Überblick über den imposanten Platz hat man übrigens aus der Vogelperspektive: von der Kolonnade der am Nordende gelegenen Isaakskathedrale 5.

› Metro Admiraltejskaja

030sp Abb.: blj

‹ *„Gendarm Europas“ – Nikolaus' Reiterstandbild auf dem Isaaksplatz*

Östlich des Schlossplatzes

7 Puschkin-Museum (Музей-квартира А. С. Пушкина) ★★ [E5]

Der von den Russen glühend verehrte Nationaldichter Aleksandr Puschkin bezog diese komfortable Wohnung unweit des Schlossplatzes 1 im September 1836. Nur wenige Monate war es ihm vergönnt, hier zu leben: Am 10. Februar 1837 verstarb er auf dem Diwan seines Arbeitszimmers an den Folgen eines Duells.

Schon zu Lebzeiten wurde Puschkins literarisches Genie allseits bewundert. Seine Meisterwerke „Boris Godunow“, „Eugen Onegin“ und das düstere Petersburg-Poem „Der eherne Reiter“ (s. S. 18), die 1831, 1833 bzw. 1837 veröffentlicht wurden, sicherten ihm unvergänglichen Ruhm. Heute ist der Dichter in Form von Statuen, nach ihm benannten Straßen, Bibliotheken, Museen etc. selbst im letzten Winkel Russlands allgegenwärtig. Trotz seines Ruhmes eckte Puschkin zeitlebens bei der Obrigkeit an. Politisch stand er den **Dekabristen** nahe, mit vielen der Verschwörer verband ihn eine enge Freundschaft. Mehrfach wurde er zwangsversetzt und permanent kontrolliert und zensiert.

Die geräumige Wohnung an der Mojka bewohnte Puschkin mit seiner Frau Natalja – einer legendären Schönheit –, ihren vier kleinen Kindern und zwei ihrer Schwestern.

Seit 1925 ist das Haus ein **Museum.** Die Einrichtung wurde originalgetreu mit zeitgenössischen Möbeln rekonstruiert, als Grundlage dienten Erinnerungen und Skizzen von Puschkins Freunden. Es sind zudem viele Gegenstände zu sehen, die dem Dichter oder der Familie gehörten. Der eindrucksvollste Raum ist Puschkins Arbeitszimmer mit seiner riesigen, 4500 Bände zählenden Bibliothek und dem Sofa, auf dem der Dichter verstarb. Auch Puschkins Totenmaske wird im Museum verwahrt.

› Nab. Reki Mojki 12, Metro: Newskij Pr., www.museumpushkin.ru, Eintritt: 220 Rub, 10.30–18 Uhr, geschl.: Di. und letzter Fr. des Monats

8 Marmorpalais (Мраморный дворец) ★★ [F5]

Der Name ist Programm: Zwölf verschiedene Marmorsorten in 32 Farbschattierungen wurden in diesem klassizistischen Meisterwerk verbaut. Sein edles Baumaterial bezog Architekt Antonio Rinaldi vor allem aus den kurz zuvor entdeckten Vorkommen am Ladoga- und dem karelischen Onegasee, aber auch aus dem Ural, Sibirien und Griechenland.

Das Zusammenspiel der blau-grauen Farbtöne kreiert bereits im Hauptaufgang des Palasts eine äußerst beeindruckende Atmosphäre. Schlicht umwerfend ist der große **Marmorsaal.** Fertiggestellt wurde das Palais 1785. Eigentlich sollte hier Grigorij Orlow residieren. Er hatte Katharina II. bei der Palastrevolte gegen ihren Ehemann unterstützt, was sie ihm mit dieser „kleinen“ Aufmerksamkeit vergalt. Doch der Graf verstarb kurz vor der Fertigstellung des Palasts. Bis zur Revolution 1917 nutzten ihn Mitglieder der Zarenfamilie. 1937 wurde hier ein Leninmuseum eingerichtet – das prächtige Interieur litt sehr unter den damit verbundenen „Umgestaltungen“.

Heute beherbergt das Palais zwei herausragende Dauerausstellungen: Das **Ludwig-Museum im Russischen Museum** ist eine exquisite Ausstellung internationaler Avantgarde-Kunst, benannt nach ihren Stiftern, dem bekannten deutschen Sammlerehepaar Ludwig. 1995 schenkten die Ludwigs die hochkarätige Sammlung dem Russischen Museum.

Zu sehen sind u.a. Werke Picassos, Warhols, Koons', Beuys' und Lichtensteins. Die **Sammlung der Brüder Rschewskie** ist seit 1998 im Besitz des Museums und zeigt Juwelen der russischen Kunst des späten 19./frühen 20. Jh. – darunter Werke von Aiwasowskij, Nestcrow und Schischkin.

Das radikale **Reiterstandbild Zar Alexanders III.**, das seit 1994 vor dem Palast steht, schuf Pawel Trubezkoj. Als das Denkmal 1907 auf dem Snamenskaja-Platz (heute Platz des Aufstands 30) aufgestellt wurde, führte die „Karikatur eines Zaren" zu einem Skandal. Trubezkoj kommentierte: „Ich habe lediglich ein Tier auf einem anderen dargestellt." Für die im März 1917 auf dem Platz demonstrierenden Petrograder zeigte das Standbild schlicht einen „Idioten auf einem Nilpferd".

› Millionaja Ul. 5/1, Metro: Newskij Pr., Gostinyj Dwor, www.rusmuseum.ru, Eintritt: 300 Rub, Mo., Mi. und Fr.–So. 10–18, Do. 13–21 Uhr, geschl.: Di.

9 Marsfeld (Марсово поле) ★ [F5]

Seine militärische Vergangenheit merkt man dem Marsfeld nicht mehr an. Wenn die ersten Sonnenstrahlen das Ende der dunklen Jahreszeit verkünden, verwandelt es sich in eine große Liegewiese.

Dabei war das Feld einst Petersburgs **zentraler Ort für Truppeninspektionen** und Militärparaden. Peter der Große feierte hier seinen Sieg über die Schweden, der vom preußischen Drill besessene Paul I. ließ exerzieren und die *Crème* der Gesellschaft wohnte der alljährlichen Maiparade auf eigens errichteten Zuschauertribünen bei – und zahlte hohe Summen für einen Sitzplatz.

Seinen heutigen Namen erhielt das Feld im frühen 19. Jh., vermutlich nach dem 1801 errichteten **Denkmal für Generalissimus Aleksandr Suworow.** Es zeigt den genialen Strategen – ohne jede Ähnlichkeit zum tatsächlichen Suworow – als jugendlichen Kriegsgott Mars. Zuvor hieß es schlicht „Große Wiese" oder „Zarinnenwiese".

Eine wichtige symbolische Umdeutung erlebte das Feld 1917, als in seiner Mitte die Gefallenen der Februarrevolution beigesetzt wurden. Bald vereinnahmten die Bolschewiki den Ort. Bis 1919 entstand um das Massengrab eine der **wichtigsten sowjetischen Gedenkstätten** – das Suworow-Denkmal wurde hierfür vor die Troizkij-Brücke versetzt. 1957 wurde hier die erste **„Ewige Flamme"** der Sowjetunion entzündet. Sie brennt bis heute, ihr Feuer speiste die Flammen zahlloser anderer Gedenkstätten im Land.

Das Feld ist auch ein Ort zivilen Protests: Regelmäßig finden hier Demonstrationen statt, u.a. die alljährliche Gay Pride.

› Metro: Newskij Pr., Gostinyj Dwor

☐ *Für Peters Zeitgenossen durchaus schockierend: die freizügigen antiken Skulpturen im Sommergarten*

10 Sommergarten (Летний сад) ★★★ [F5]

Die älteste Parkanlage der Stadt wurde von Peter I. höchstpersönlich entworfen. Der Zar überwachte auch den Bau und pflanzte eigenhändig die ersten Bäume.

Während seiner Reisen durch Westeuropa lernte Peter die höfische Gartenarchitektur kennen und lieben. Die Anlage eines Parks im streng geometrischen „französischen Stil" wurde in *St. Piter Burch* also gleich in Angriff genommen. Schon 1704 begannen die Arbeiten. Peter verfolgte mit seinem für Russland komplett neuartigen Park ausdrücklich ein pädagogisches Ziel. Der Besuch des Sommergartens sollte die russischen Adligen quasi „europäisieren". Die allegorischen, mit Erklärungen versehenen Skulpturen etwa – aus Italien importiert und in großer Zahl aufgestellt – dienten vor allem dazu, den Besuchern die **römisch-griechische Mythologie** nahezubringen. Diese (dazu meist nackten!) Statuen waren eine durchaus schockierende Sensation: Die russisch-orthodoxe Kirche hatte bis dato die Herstellung von Skulpturen untersagt. Der Horizonterweiterung dienen sollten auch **exotische Tiere**, ein **Riesenglobus** und der **„Riese" Bourgeois**, die Peter hier zur Schau stellte – Letztere befinden sich heute in der Kunstkammer 37 (der Riese als Skelett).

Der Sommergarten war auch die ideale Bühne, um dem Adel „europäische Umgangsformen" beizubringen: Bei den zahllosen höfischen Empfängen waren hier auch Frauen erlaubt und die Geladenen konnten sogleich den Paartanz üben. Seit 1712 wohnte Peter im Park. Jeden Sommer bezog er mit seiner Frau Katharina den von Domenico Trezzini am Zusammenfluss von Newa und Fontanka erbauten **Sommerpalast.** Die bescheidene Residenz ist im „holländischen" Stil gehalten – Peter liebte alles Holländische. Die Innenausstattung wurde weitgehend rekonstruiert, dies aber sehr liebevoll. 2012 wurde der Park nach aufwendiger Restauration wieder eröffnet. Die ursprüngli-

031sp Abb.: sas

EXTRATIPP

Nicht übersehen: die Krylow-Statue und das Eisengitter

Das wundersame **Denkmal für den Fabeldichter Iwan Krylow** etwas links vom Haupteingang des Sommergartens stammt von Peter Klodt. Es passt stilistisch zwar nicht gerade zu den Antikenfiguren in der Umgebung, die Tiergestalten zu Krylows Füßen sind aber unerreicht in ihrer Lebendigkeit und Detailfülle, sodass kein Besucher dieses Meisterstück übersehen sollte.

Besondere Berühmtheit erlangte das den Sommergarten zur Newa hin begrenzende **Eisengitter**, das **Georg Veldten** schuf. Eingefasst von Granitsäulen, die mit Vasen bekrönt sind, besticht es durch seine filigrane Eleganz. Es geht die Legende, dass ein in Petersburg vor Anker gegangener englischer Millionär gleich wieder nach England zurücksegelte, als er dieses Gitter erblickte – er habe nun alles Nötige gesehen und etwas Wundervolleres würde ihm ohnehin nie wieder vor Augen kommen.

che Anlage aus Peters Zeiten – durch Hochwasser und Umgestaltungen über die Jahrhunderte weitgehend verschwunden – wurde in Teilen wiederhergestellt, etwa durch die Anlage neuer Brunnen. Die verbliebenen Originalskulpturen sind nun im Michaelsschloss 12 zu bewundern. Im Sommergarten begrüßen den Besucher jetzt strahlend weiße Kopien, immerhin aus echtem Marmor.

› Nab. Kutusowa 2, Metro: Gostinyj Dwor, https://igardens.ru, Mai–Sept. 10–22, Okt.–März 10–20 Uhr, geschl.: Di. und im April, Sommerpalast: 300 Rub, 10–18 Uhr, sonst Di. und erster Mo. im Monat. **Derzeit wegen Renovierungsarbeiten geschlossen.**

11 Tschischik-Pyschik (Чижик-Пыжик) ★ [F5]

An der Ingenieursbrücke lehnt sich meist eine Menschentraube über die Uferbrüstung der Mojka. Mit viel Hallo werden Münzen geworfen.

Der Grund für das Treiben sitzt seit 1994 auf einem Podest an der Flusseinfassung: die 11 cm winzige Bronzestatue eines **Zeisigs** (russ. Tschischik). Trifft man sie mit einer Münze am Kopf, sollen Wünsche in Erfüllung gehen. Frisch Verheiratete seilen gar Wodkagläschen hinab: Wer mit Tschischik anstößt, ohne das Glas zu zertrümmern, dem ist eine glückliche Ehe sicher. Der neumodische Brauch fußt auf der Vorliebe des Zeisigs für Hochprozentiges. Tschischik ist nämlich der Held eines Petersburger Trinkliedes: „*Zeisig, wo warst du nur? An der Fontanka, trank Wodka pur. Erst ein Gläschen, dann zwei, nun hab ich im Kopf die Duselei.*“ Das Lied spielt auf die trinkfesten Studenten der Kaiserlichen Juristischen Fakultät an, die wegen ihrer gelb-grünen Schuluniformen „Zeisige“ genannt wurden – und es besonders gern sangen.

› Nab. Reki Fontanki (an der Ingenieursbrücke), Metro: Gostinyj Dwor

12 Michaelsschloss (Михайловский замок) ★ [F5]

Nur vier Jahre dauerte der Bau des Michaelsschlosses (1787–1801). Das seltsame Schloss, dessen vier historisierende Fassaden alle ungleich gestaltet sind und auf verschiedene architektonische Epochen verweisen, sollte vor allem eine Funktion erfüllen: das Leben des Hausherrn, Zar Pauls I., schützen. Wassergräben und Zugbrücken sollten

Feinde abhalten und Erzengel Michael, nach dem Paul sein Schloss benannte, himmlischen Schutz beisteuern.

Der Aufwand erwies sich als vergebens: Nur 40 Tage nach seinem Umzug aus dem Winterpalast ❷ wurde **Paul hier ermordet.** Zuvor hatte er alles getan, um den Adel gegen sich aufzubringen. Radikal brach er mit der Politik seiner Mutter Katharina II., begrenzte u. a. die bäuerliche Fronarbeit und befremdete zudem die Zeitgenossen mit seinem verschrobenen Faible für preußischen Drill und alles Katholische. Als ihn eine Verschwörergruppe, der auch sein Sohn Alexander angehörte, in einer Märznacht 1801 zur Abdankung zwingen wollte, lehnte Paul ab und wurde erwürgt. Unmittelbar darauf wurde **Alexander** im Schlosshof als neuem Zaren gehuldigt. Dort erinnert heute eine Statue an den ermordeten Paul. Alexander zog sofort zurück in den Winterpalast. Das leerstehende Schloss wurde zwei Jahrzehnte später Sitz einer elitären Ingenieursschule mit militärtechnischer Ausrichtung. Von 1838 bis 1843 studierte hier Dostojewskij – eine unglückliche Zeit für den literaturbegeisterten jungen Mann, der ein Sonderling unter seinen reichen, karriereorientierten Mitstudenten blieb.

Die Dauerausstellung im Schloss umfasst eine **Skulpturensammlung** und die Porträtgalerie **„Gesichter Russlands“.** Vor dem Haupteingang ließ Paul 1800 eine **Reiterstatue für Peter den Großen** aufstellen und mit der Inschrift „Прадеду Правнук“ *(„Dem Urgroßvater der Urenkel“)* versehen, eine eigenwillige Anspielung auf die Widmung, die seine ungeliebte Mutter auf den Ehernen Reiter ❹ setzte.

› Sadowaja Ul. 2, Metro: Gostinyj Dwor, www.rusmuseum.ru, Eintritt: 300 Rub, 10–18 Uhr, Do. 13–21 Uhr, geschl.: Di.

Newskij Prospekt: Nordseite

⓭ Petrikirche (Петрикирхе) ★ [F6]

Petersburgs deutsche Gemeinde war einst einflussreich und groß. Sie erlebte ihre Blüte vor Beginn des Ersten Weltkriegs, als etwa 43.000 Deutsche in der Stadt lebten. Ihr geistiges und kulturelles Zentrum war seit 1838 die Petrikirche.

Der repräsentative klassizistische Bau, der etwas zurückgesetzt vom Newskij Prospekt steht, weist Elemente einer römischen Basilika auf. Stalin ließ die Kirche 1937 schließen und die Pastoren erschießen. Seit 1962 diente das Gebäude als **Schwimmbad** – samt Sprungturm, Umkleidekabinen und Zuschauertribünen! Die Zweckentfremdung ist bis heute unübersehbar. Das Schwimmbecken ist lediglich mit einem neuen Boden abgedeckt, auf dem sich Altar und Bänke befinden. Ein Abriss hätte die Statik des Baus gefährdet. Auch die Zuschauerränge sind noch zu sehen: Man steigt sie hinauf, gleich wenn man die Kirche betritt. Seit 1993 gehört das Gebäude wieder der lutherischen Gemeinde. Sie hat heute etwa 600 Mitglieder, darunter viele **Russlanddeutsche**, die nach 1990 aus Kasachstan und anderen Vertreibungsgebieten nach Petersburg kamen. Gottesdienste werden zweisprachig gehalten (auf Russisch und

EXTRATIPP

Blockade-Gedenktafel

Der fortwährende deutsche Beschuss führte zu schweren Zerstörungen. Am Haus Nr. 14 des Newskij Prospekts steht warnend: *Bürger! Bei Artilleriebeschuss ist diese Straßenseite besonders gefährlich.* Diese Hinweise fanden sich an vielen Häusern entlang des Prospekts. Nach dem Krieg ließ Stalin sie entfernen, 1957 wurde dieser Hinweis wieder angebracht.

Deutsch). Regelmäßig finden klassische Konzerte statt (s. Website). Vor der Kirche steht seit 1999 auch eine **Goethe-Büste** (kyrillisch „Gete"). Sie stammt von Lewon Lasarew und wurde auf Anregung des deutschen Generalkonsuls realisiert.

› Newskij Pr. 22–24, Metro: Newskij Pr., www.petrikirche.ru, tägl. 9–21 Uhr, Gottesdienste: So. 10.30 Uhr, an religiösen Feiertagen auch abends (s. Website)

032sp Abb.: blj

⓮ Singer-Haus (Дом компании „Зингер") ★★ [F6]

Der Jugendstilbau gegenüber der Kasaner Kathedrale ㉑ war einst Hauptsitz der Nähmaschinenfabrik Singer. Die US-amerikanische Firma war damals der größte Nähmaschinenhersteller der Welt und ihre Maschinen waren auch im Russischen Reich äußerst begehrt.

Das 1904 fertiggestellte Gebäude ist spektakulär: Seine sechs Stockwerke werden von einer Dachkuppel aus Stahl und Glas, auf der eine Gruppe Nymphen einen gläsernen Globus hält, gekrönt. Konservative Zeitgenossen mäkelten, dass dieser Globus die „Große Perspektive" am Newskij Prospekt beeinträchtige, da er von der Goldenen Nadel der Admiralität ❸ ablenke. Eindrucksvoll sind auch die drei Skulpturenpaare entlang der Fassade und die glasdurchsetzte Fassadenfront. Diese schuf Architekt Pawel Sjusor mithilfe moderner Stahlkonstruktion – das Singer-Haus war der erste Bau in Petersburg, der über ein Stahlskelett verfügte. Nach der Revolution 1917 musste Singer das Gebäude aufgeben. 1919 siedelten sich hier Verlage an, später eine Buchhandlung, die selbst während der Blockade geöffnet blieb. Heute ist das **Dom Knigi** (Haus des Buches) die größte Buchhandlung der Stadt. Unter der Glaskuppel residiert der russische Facebook-Klon, das soziale Netzwerk „Vkontakte".

› **Dom Knigi**, Newskij Pr. 28, Metro Newskij Pr., www.spbdk.ru, geöffnet: tägl. 9–24 Uhr

Jugendstilikone: das Singer-Haus

⑮ Bluterlöserkirche (Храм Спаса-на-крови) ★★★ [F5]

Die „russischste" Petersburger Kirche wirkt im architektonisch streng an europäischen Vorbildern orientierten Stadtzentrum geradezu exotisch. Ihre bunten, verspielten Zwiebeltürmchen entsprechen aber wohl exakt dem Bild, das jeder westliche Besucher von einer orthodoxen Kirche hat.

Die Kirche wurde haargenau dort erbaut, wo Zar **Alexander II.** am 1.3.1881 einem **Bombenattentat** der linksorientierten Terroristengruppe Narodnaja Wola („Volkswille") zum Opfer fiel. Bereits am Folgetag entschied Alexanders Sohn und Nachfolger, Alexander III., am Tatort eine Gedächtniskirche im „russischen Stil" für seinen Vater errichten zu lassen. Die Entscheidung für eine „russisch" aussehende Kirche war kein Zufall. In der sich Ende des 19. Jh. politisch radikal verändernden Umwelt ließ sich der autokratische Herrschaftsanspruch mit Verweis auf die „moskowitische Tradition" besser legitimieren.

Architekt Alfred Parland, ein Lutheraner baltendeutscher Herkunft, gewann den ausgeschriebenen Wettbewerb zum Bau der Kirche. Er nahm sich die Moskauer Basilius-Kathedrale zum Vorbild für das 1907 fertiggestellte Bauwerk. Im Inneren blendet den Besucher ein **strahlendes Farbenmeer aus Mosaiken**, die mehr als 400 m² Fläche bedecken. An der Ornamentierung wirkten viele berühmte Maler mit, darunter Wasnetsow, Nesterow und Rjabuschkin – der zeitgenössische Einfluss des Jugendstils ist auf vielen Ikonen unübersehbar. Die Entwürfe der Künstler wurden von der Mosaikwerkstatt Wladimir Frolows realisiert. Die Konzeption als Gedächtniskirche für Alexander II. kommt vielfach zum Ausdruck: An der Außenfassade erinnern 20 rote Gra-

⊼ *Die Bluterlöserkirche – das „russischste" Baudenkmal der Stadt*

nittafeln an Leben und militärische Erfolge des Zaren. Im Kircheninneren markiert ein Baldachin aus prächtigen Quarzsteinen die Stelle des Attentats. Darunter ist das alte, einst vom Zarenblut getränkte Straßenpflaster bewahrt. Dies erklärt auch den populären Name „Bluterlöserkirche" – korrekt heißt die Kirche Auferstehungskathedrale. Außer für zaristische Gedenkgottesdienste wurde die Kirche nie für reguläre Gottesdienste genutzt. Heute ist hier das „Museum für Mosaikkunst" zu Hause.

Neben der Blutkirche beginnt, eingefasst von einem wundervollen Jugendstilgitter, der **Michaelsgarten**, der sich bis zum Michaelsschloss ⑫ auf der anderen Gartenseite erstreckt.

› Nab. Kan. Gribojedowa 2b, Metro: Newskij Pr., Gostinyj Dwor, www.cathedral.ru, Eintritt: 250 Rub, Do.–Di. 10.30–18 Uhr, vom 1.5. bis 30.9. für 400 Rub auch Abendeinlass von 18 bis 22.30 Uhr, geschl.: Mi.

› **Michaelsgarten,** https//igardens.ru, Eintritt frei, Mai–Sept. 10–21.30, Okt.–März 10–19.30 Uhr, geschl.: April

⑯ Russisches Museum (Русский музей) ★★★ [F6]

Ein absolutes Muss für jeden Kunstliebhaber: Von Ikonen aus der Werkstatt Andrej Rubljows bis zum Schwarzen Quadrat Malewitschs zeigt dieses Museum die Entwicklung, Vielfalt und Schönheit der im Westen oft wenig bekannten russischen Malerei. Weltweit verfügt lediglich die Moskauer Tretjakow-Galerie über eine ähnlich hochwertige und umfangreiche Sammlung russischer Kunst.

Untergebracht ist die 315.000 Exponate zählende Sammlung in den Räumen des hochherrschaftlichen, klassizistischen Michaelspalais, das Carlo Rossi 1819–1825 für einen Bruder Zar Alexanders I. erbaute. Die Museumssammlung zog 1898 ein. Größter Stolz ist die Kollektion russischer Avantgarde, untergebracht im Benois-Flügel.

In jedem Raum gibt es gute englischsprachige Einführungen zu den gezeigten Künstlern, doch seien als Einstimmung auf den Besuch einige Highlights kurz vorgestellt: In Saal 14 befindet sich Karl Brjullows Meisterwerk **„Die letzten Tage von Pompeji"**. Das Monumentalgemälde brachte dem Maler europaweiten Ruhm ein. Im gleichen Saal kann die Meisterschaft des armenischstämmigen Marinemalers Iwan Ajwasowskij bewundert werden. Unerreicht seine Virtuosität bei der Darstellung der Lichteffekte und Wellenbewegung des Wassers oder des Wechselspiels von Himmel und Meer. Geradezu fühlbar die Dramatik der Gemälde **„Die neunte Welle"** und **„Die Welle"**, in denen Schiffbrüchige im tobenden Meer ums Überleben kämpfen. Umfangreich ausgestellt ist Ilja Repin. Der Realist gilt als größter russischer Maler des 19. Jh. Zu sehen sind auch seine vielleicht berühmtesten Werke, das sozialkritische **„Die Wolgatreidler"** (Saal 33) und das herrlich lebendige **„Die Saporoger Kosaken schreiben dem türkischen Sultan einen Brief"** (Saal 34). Ein unvergleichlich poetischer Zauber wohnt Archip Kuindschis **„Mondnacht am Dnepr"** (Saal 35) inne.

› *Im Russischen Museum*

Seine drastischen, radikal realistischen Schlachtengemälde brachten Wassilij Wereschtschagin europaweite Aufmerksamkeit und Anerkennung ein, aber auch viele Anfeindungen. Die pazifistische Aussage der Gemälde entsprach nicht gerade dem Zeitgeist. Zu sehen ist das **„Schlachtfeld nahe Schipka“** (Saal 39). Wereschtschagin war Augenzuge des Gemetzels.

Außergewöhnlich sind die allegorisch-mystischen Werke der Symbolisten Wiktor Wasnetsow, Michail Wrubel und Michail Nesterow: Elemente der Ikonenmalerei und des Jugendstils fließen ineinander, die Themen sind oft Märchen und Heldenepen der russischen Geschichte entnommen. Als Kirchenmaler arbeiteten die drei Künstler auch gemeinsam. Wasnetsow etwa zeichnete die Ikonen für die Ikonostase der Bluterlöserkirche 15.

Berühmt für seine Portraits ist der meist dem Jugendstil zugerechnete Walentin Serow. Großartig und sehr modern das **Bildnis der Tänzerin Ida Rubinstein**, Petersburgs skandalträchtiger Ikone der *Belle Epoque* (Saal 70). Weltberühmt ist das **„Schwarze Quadrat“** Kasimir Malewitschs, ein Meilenstein moderner Malerei (Saal 75). Neben weiteren Arbeiten des gebürtigen Kiewers (etwa das programmatische Werk „Suprematismus“) finden sich im selben Saal auch Gemälde der im Westen vielleicht bekanntesten russischen Künstler – **Wassilij Kandinskij** und **Marc Chagall.**

› Inschenernaja Ul. 4, Metro: Newskij Pr., Gostinyj Dwor, www.rusmuseum.ru, Eintritt: 450 Rub, Mi., Fr.-So. 10-18, Mo. 10-20, Do. 13-21 Uhr, geschl.: Di.

KURZ & KNAPP

Das Russische Museum

Neben dem Hauptsitz im Michaelspalais gehören dem Russischen Museum die Zweigstellen Marmorpalais 8, Michaelsschloss 12 und Stroganow-Palais 20 an. Es gibt eine empfehlenswerte Kombikarte für 850 Rub, die alle vier Museen abdeckt und drei Tage gültig ist. Neben den Dauerausstellungen finden immer wieder Wechselausstellungen in den einzelnen Gebäuden statt. Die Website des Museums gibt Auskunft darüber, was gerade gezeigt wird.

034sp Abb.: blj

17 Jelissejew-Feinkostladen (Елисеевский магазин) ★★★ [F6]

Das grandiose Jugendstildekor, ein eigener Hauspianist und das malerische Arrangement erlesener Delikatessen machen den Besuch des Jelissejew zur Zeitreise in die goldenen Jahre der „Belle Epoque". Petersburgs bis heute führender Gourmettempel gilt wohl zu Recht als schönstes Lebensmittelgeschäft der Welt.

Der **Aufstieg der Familie Jelissejew** ist legendär. Bei einer weihnachtlichen Gesellschaft im Moskauer Haus des Grafen Scheremetjew kredenzt der Hausgärtner Erdbeeren – mitten im Winter! Der Graf ist so begeistert, dass er dem Gärtner, einem gewissen Pjotr Jelissejew, die Freiheit und obendrein die unerhörte Summe von 100 Rubeln schenkt. Mit diesem Startkapital kommt Pjotr 1812 nach Petersburg und eröffnet auf dem Newskij einen Lebensmittelladen. Die nötigen Verträge unterzeichnet der Analphabet mit seinem Daumenabdruck.

Als die dritte Generation der Jelissejews 1902–1907 den Feinkostladen auf dem Newskij erbauen ließ, hatte die Familie bereits eine **millionenschwere Dynastie** geschaffen. Das erlesene Sortiment war russlandweit eine Sensation und der Laden galt als die erste Adresse für die verwöhnte Elite der Stadt. Auch architektonisch setzte das Gebäude – fast zeitgleich mit dem Singer-Haus 14 errichtet – Standards. Architekt Gawriil Baranowskij, mit einer der Jelissejew-Töchter verheiratet und quasi Hausarchitekt der Familie, schuf ein **Meisterwerk des Jugendstils.** Die zum Newskij Prospekt gewandte Fassade dominiert ein riesiger Rundbogen mit Buntglasfenstern, der wie ein einziges großes Schaufenster erscheint. Allegorische Bronzeskulpturen – Industrie, Handel, Kunst und Wissenschaft – prangen an der Fassade.

Als „Gastronom Nr. 1" war das Geschäft auch zu Sowjetzeiten geöffnet. 2012 wurde der Laden nach aufwendiger Renovierung wiedereröffnet. Neben den Frischetheken für Käse, Fleisch, Kaviar, Backwaren etc. gibt es im Laden auch ein Café.

› Newskij Pr. 56, Metro: Gostinyj Dwor, http://kupetzeliseevs.ru, geöffnet: tägl. 10–23 Uhr

035sp Abb.: blj

Ein Paradies für Gourmets: der Jelissejew-Feinkostladen

KLEINE PAUSE

Ein Stopp im Gourmettempel

Um die Atmosphäre des Jelissejew richtig zu genießen, sollte man sich an den um die Palme gruppierten Bistrotischen mindestens einen Kwas (s. S. 71) gönnen. Die Bedienungen sind ausgesprochen höflich und die Preise noch akzeptabel (Kwas 150 Rub, Kuchen ab 220 Rub). Gäste erwerben auch die Berechtigung, im Laden nach Herzenslust zu fotografieren. Achtung: Die VIP-Restaurants im ehemaligen Warenlager im Keller und im ersten Stock sind richtig teuer!

18 Fabergé-Museum (Музей Фаберже) ★★★ [G6]

Im Dezember 2013 öffneten sich die Tore der Privatsammlung des Multimilliardärs Wiktor Wekselberg. Neben ihrem Herzstück – den neun für die Romanows gefertigten Fabergé-Eiern – sind viele andere Preziosen aus Fabergés legendärer Werkstatt zu bestaunen: Schmuck, Zigarettenetuis, Uhren. Auch viele Arbeiten anderer russischer Goldschmiede aus der Zeit Fabergés werden gezeigt. Eine Ikonensammlung und hochkarätige Gemälde (Renoir, Aiwasowskij) runden die Ausstellung ab.

Ostern 1885 beauftragte Alexander III. den Juwelier Karl Fabergé, ein Osterei als Geschenk für seine Gattin zu fertigen. Fabergé kreierte das **Hennen-Ei** (zu sehen im Museum). Das Ei aus Emaille gleicht einem gewöhnlichen Hühnerei. Doch beim Öffnen kommt ein Eidotter aus purem Gold zum Vorschein, in dem sich wiederum eine goldene Miniatur-Henne versteckt. Das Ei verzückte die Zarengattin derart, dass das Verschenken der Fabergé-Eier in der Zarenfamilie zur liebgewonnenen Tradition wurde. Nicht nur zu Ostern, auch zu Geburtstagen oder besonderen Anlässen wurden Fabergés Kreationen fortan verschenkt. Fabergé, nun Kaiserlicher Hofjuwelier, und seine Werkstatt fertigten bis 1916 **50 Eier für die Romanows.** Sie wurden zwar immer aufwendiger und technisch raffinierter, doch das Prinzip blieb stets gleich: Alle Eier lassen sich öffnen und verbergen eine Überraschung.

Die **Wekselberg-Sammlung** ist die zweitgrößte Kollektion kaiserlicher Fabergé-Eier weltweit. Nur die Rüstkammer des Kremls besitzt eines mehr. Das teuerste Fabergé-Ei ist aber in Petersburg zu sehen. Auf über 24 Mio. Dollar wird der Wert des **Krönungs-Eis** von 1897 taxiert. Nikolaus II. schenkte es seiner Frau anlässlich seiner Thronbesteigung. Als Überraschung enthält es eine juwelenbesetzte, goldene Miniatur der Krönungskutsche Katharinas II. – detailgetreu bis hin zur winzigen, aufklappbaren Stiege. Wekselberg erwarb die neun Fabergé-Eier – und viele der übrigen Kunstwerke – 2004 von der amerikanischen Forbes-Familie. Sie stammen aus dem Besitz des Verlegertycoons Malcom Forbes, seines Zeichens eifriger Sammler russischer Kunst. Dass die imperialen Fabergé-Eier überhaupt in private Hände gelangten, ist historisch begründet. Nach der Revolution 1917 wurden viele der Romanow-Kunstschätze von den Bolschewiki ins Ausland verkauft und über die ganze Welt verstreut. Es ist Wekselbergs Initiative zu verdanken, dass diese Preziosen nach Petersburg zurückgekehrt sind – auch wenn sein Sammeleifer sicher nicht nur rein philanthropischen Motiven entspringt. Die

036sp Abb.: blj

4000 Objekte zählende Sammlung residiert standesgemäß im prächtig renovierten Schuwalow-Palais an der Fontanka.

› Nab. Reki Fontanki 21, Metro: Gostinyj Dwor, www.fabergemuseum.ru, Eintritt: 450 Rub, 10–20.45 Uhr, geschl.: Fr. Tickets können nur am Tag der Besichtigung gekauft werden! Der geführte Rundgang auf Englisch ist sehr empfehlenswert, dieser kann auch vorab online gebucht werden (600 Rub, s. Website).

19 Anitschkow-Brücke (Аничков мост) ★★ [G6]

Die Anitschkow-Brücke, über die der Newskij die Fontanka quert, ist eines der meistfotografierten Wahrzeichen Petersburgs.

Ihren Ruhm verdankt sie dem Skulpturenzyklus „Bändigung der Pferde“, der auf der Brücke platziert ist. Vier Bronzeskulpturen zeigen die verschiedenen Phasen der Zähmung eines wilden Pferdes. Vom dramatischen Beginn – verzweifelt schlägt das Pferd aus – bis zum erhabenen Ende: Friedlich steht die Kreatur neben ihrem Bezwinger. Aufgestellt wurden die Skulpturen 1849/50, geschaffen hat sie der deutschbaltische Bildhauer Peter Klodt. Der Lieblingsskulpteur von Nikolaus I. schuf auch dessen Reiterdenkmal am Isaaksplatz 6.

Zwei identische Rossebändiger finden sich übrigens im Heinrich-von-Kleist-Park in Berlin, sie kamen als Geschenk von Nikolaus an Friedrich Wilhelm IV. in die deutsche Hauptstadt. Das ungewöhnliche Motiv des Brückengeländers wiederum – es zeigt Tritonen, Mischwesen zwischen Mensch, Pferd und Delfin – stammt ursprünglich aus Berlin. Dort zieren ähnliche, von Karl Schinkel entworfene Tritonen die Schlossbrücke über die Spree. Die Brücke trägt den Namen Michail Anitschkows, unter dessen Leitung 1715 hier die erste Brücke über die Fontanka gebaut wurde.

Die Anitschkow-Brücke ist immer voller Leben und Ausgangspunkt zahlloser **Bootstouren**. Auch der Blick entlang der Fontanka ist wunderbar. Besonders das prächtige **Beloselskij-Belosjorskij-Palais** fällt ins Auge. Der Familiensitz der Beloselskijs wirkt mit seiner historisierenden Barockfassade fast wie eine Kopie des 100 Jahre älteren Stroganow-Palais 20. Zu Sowjetzeiten befand sich hier der Sitz des Leningrader Regionalkomitees der KPdSU.

› Metro: Gostinyj Dwor

Newskij Prospekt: Südseite

20 Stroganow-Palais (Строгановский дворец) ★★ [E6]

Der rosafarbene Barockpalast war einer der ersten Adelspaläste, der am Newskij errichtet wurde. Auftraggeber Sergej Stroganow, einer der reichsten Männer Russlands seiner Zeit, konnte es sich leisten, mit Rastrelli den Hofarchitekten persönlich für den Bau seines Familiensitzes zu engagieren.

Ihren unerhörten Reichtum machten die Stroganows – über Generationen mit genialem Unternehmergeist versehen – mit dem Salzhandel. Später waren sie federführend bei der kolonialen Erschließung Sibiriens, ausgestattet mit eigenen Truppen und einem Handelsmonopol. Hinweis auf die Familiengeschäfte geben die beiden auf ihren Hinterbeinen stehenden Zobel, die mit ihren Vorderpfoten das **Familienwappen im Hausgiebel** halten.

Das kostbarste Pelztier auf russischem Boden war eines jener begehrten Güter, dessen Handel die Stroganows monopolisierten. Das Palais wurde relativ schnell fertiggestellt (Bauzeit: 1752–1754). Manche vermuten, dass der Baumeister sein Werk auf ungewöhnliche Weise signierte. Unter den aufwendig ornamentierten Fenstereinfassungen findet sich stets dasselbe Porträt eines Mannes im Profil. Viele Historiker meinen, es zeige Rastrelli (andere sagen, der Auftraggeber wäre hier dargestellt).

Nördliches Venedig: Blick von der Anitschkow-Brücke 19

Im Inneren verdient besonders der **Große Saal** Beachtung: Er blieb als einziger in seiner ursprünglichen barocken Pracht erhalten. Die übrigen Säle wurden Ende des 18. Jh. im klassizistischen Stil umgestaltet. Als Architekt verdiente sich dabei ein ehemaliger Leibeigener der Familie, Andrej Woronichin, erste Sporen. Die Stroganows waren auch herausragende Kunstsammler und Mäzene. Im Palais ist neben den feudal eingerichteten Sälen vor allem die eindrucksvolle **Mineraliensammlung** erwähnenswert.

› Newskij Pr. 17, Metro: Newskij Pr., www.rusmuseum.ru, Eintritt: 300 Rub., tägl. 10–18 Uhr, Do. 13–21 Uhr, geschl.: Di.

21 Kasaner Kathedrale (Казанский кафедральный собор) ★★★ [F6]

Gogol-Lesern dürfte die Kasaner Kathedrale vertraut sein, denn sie ist Schauplatz des groteskesten Moments der russischen Literatur: Hier trifft Major Kowalew auf seine entlaufene Nase, die, in die Uniform eines Staatsrates gekleidet, andächtig betet.

Zar Paul I. war nach einem Rombesuch derartig begeistert vom Petersdom, dass er ein ähnliches Bauwerk auch in „seiner“ Stadt haben wollte. Und das architektonische Vorbild der 1801 bis 1811 errichteten Kathedrale ist wirklich unverkennbar. Wie zwei sich öffnende Arme weist das charakteristische Kolonnadenhalbrund auf den Newskij, überragt von einer 80 m hohen Kuppel. Bei Zeitgenossen sorgte diese Ähnlichkeit für heftige Kritik – ein katholischer Dom sei ein schlechtes Vorbild für orthodoxe

Sakralarchitektur. Realisiert wurde der eindrucksvolle Bau von Andrej Woronichin, ehemals Leibeigener der Stroganows. Ein Abbild seines Lebenswerks ziert den Grabstein des Architekten auf dem Lazarusfriedhof (s. S. 53).

Benannt ist die Kathedrale nach der **Ikone der Gottesmutter von Kasan.** Die „Kasanskaja" gilt als heiligste Ikone der russischen Orthodoxie und Beschützerin Russlands. Das angeblich wundertätige, aus dem 16. Jh. stammende Original ist seit seinem Raub aus dem Kasaner Kloster 1904 zwar verschollen, in der Kathedrale befindet sich aber eine im höchsten Maße verehrte Kopie. Sie ist im linken Teil der Ikonostase lokalisiert, erkennbar an der Menschenschlange davor. Geduldig warten die Gläubigen, um einen Moment Zwiesprache mit der „Kasanskaja" zu halten.

Von der Ikone erflehte auch Generalfeldmarschall **Michail Kutusow** Beistand, bevor er die russische Armee zum Sieg im „Vaterländischen Krieg" führte. Kein Wunder, dass die Kathedrale nach 1812 zum zentralen Gedenkort für den Sieg über Napoleon wurde. Kutusow wurde hier auch beigesetzt. Neben seiner Grabstätte sind eroberte französische Standarten und die Schlüssel einiger zurückeroberter Städte verwahrt. Die Kirche ist die Mutterkathedrale der Petersburger Eparchie.

› Kasanskaja Pl. 2, Metro: Newskij Pr., www.kazansky-spb.ru, Eintritt frei, tägl. 7.30–20 Uhr, Gottesdienste: tägl. 7.30, 10 und 18 Uhr

22 Bankbrücke (Банковский мост) ★ [F6]

Die kleine Bankbrücke mit ihren vier Greifen-Statuen ist die Lieblingsbrücke vieler Petersburger. Sie überspannt den Griboedow-Kanal unweit der Kasaner Kathedrale 21.

Als sie 1826 fertiggestellt wurde, war die Fußgängerbrücke eine der ersten Kettenbrücken weltweit: eine Pionierleistung des aus Mannheim stammenden Baumeisters Wilhelm von Traitteur. Benannt ist das Brücklein nach der ehemaligen **Assignatenbank**, auf die es zuläuft. Das von Quarenghi entworfene klassizistische

037sp Abb.: blj

038sp Abb.: bkj

Gebäude beherbergt heute die Staatliche Universität für Wirtschaft und Finanzen. Einst wurde hier das erste, nicht durch Edelmetall gedeckte russische Papiergeld ausgegeben. Katharina II. wollte so das durch Kriege und eine stetig wachsende Beamtenschaft steigende Staatsdefizit in den Griff bekommen. Die Nähe zur Bank erklärt auch die vier Greifen auf der Brücke. In der griechischen Mythologie gelten diese Fabelwesen – halb Löwe, halb Adler – als Hüter des Goldes. Wer die vergoldeten Schwingen der Greife berührt, dem ist angeblich gewaltiger Reichtum gewiss.

› Metro: Newskij Pr.

23 Gostinyj Dwor (Гостиный двор) ★★ [F6]

Seit seiner Fertigstellung 1785 ist der „Große Handelshof" Petersburgs größtes Kaufhaus. Das riesige klassizistische Gebäude nimmt einen ganzen Straßenblock ein. Wer es umrunden möchte, muss mehr als 1 km zurücklegen. Auch bei Regen ist das trockenen Fußes möglich, denn das Bauwerk wird von einem fast endlos wirkenden Arkadengang umlaufen.

Realisiert wurde der Bau vom französischen Architekten Jean-Baptiste Vallin de la Mothe, damals neuer Stern am Petersburger Architekturhimmel. Ein barocker Entwurf Rastrellis war zuvor von der Petersburger Kaufmannschaft als zu kostspielig abgelehnt worden. Die Errichtung des Gostinyj Dwor war **ein Meilenstein für die Entwicklung des Newskij** zur nun zunehmend auch konsumorientierten Flaniermeile. Im Erdgeschoss verkauften Einzelhändler ihre Waren in den zur Straße hin geöffneten kleinen Geschäften, im Inneren hatten Großhändler ihren Platz. Das darüber gelegene Stockwerk diente hauptsächlich als Warenlager. Als Musterbau war der Gostinyj Dwor Vorbild für zahllo-

Einkaufsparadies Gostinyj Dwor

Gewollte Ähnlichkeit: Die Kasaner Kathedrale 21 erinnert an den Petersdom.

se Handelshöfe, die im 19. Jh. überall im Zarenreich gebaut wurden. Auch in Westeuropa wurde das moderne Kaufhauskonzept aufgegriffen. Ein Bummel durch das riesige Kaufhaus ist ein Muss – nicht nur für Shoppingfans. Von Souvenirs bis zum sündhaft teuren Pelzmantel: Hier gibt es nichts, was es nicht gibt.

› Newskij Pr. 35, Metro: Gostinyj Dwor, www.bgd.ru, tägl. 10–22 Uhr

24 Ostrowskij-Platz (Площадь Островского) ★ [F6]

Der Platz und das ihn umgebende architektonische Ensemble ist größtenteils Carlo Rossis Werk. Rossi war federführend beim klassizistischen Um- und Weiterbau der Stadt in den ersten Jahrzehnten des 19. Jh.

Der Platz wird vom **Aleksandrinskij-Theater** (s. S. 79) dominiert, das 1832 seine Pforten öffnete. Es war das erste Theater Russlands, das sich eines festen Ensembles rühmen konnte. Zahlreiche großartige Stücke erlebten hier ihre Premiere, so Gogols „Revisor" und Tschechows „Drei Schwestern".

In der kleinen Parkanlage vor dem Theater fällt das 1873 enthüllte **Katharinen-Denkmal** ins Auge. Es zeigt Katharina II. im Kreise ihrer Favoriten, darunter Generalissmus Aleksandr Suworow, der für Katharina die osmanisch-russischen Kriege gewann und Grigorij Potjomkin, Katharinas erster Kopf bei der Kolonisierung der dank Suworow gewonnenen Gebiete an der heute ukrainischen Schwarzmeerküste. Die einzige Frau des Ensembles ist Ekaterina Daschkowa, einst Leiterin der Akademie der Wissenschaften.In der **Nationalbibliothek** an der Westseite des Platzes blätterte einst Lenin häufig in den Büchern.

› Metro: Gostinyj Dwor, Eintritt in die **Bibliothek** nur mit Mitgliedsausweis möglich.

25 Rossi-Straße (Улица зодчего Росси) ★★ [F7]

Die Rossi-Straße ist Petersburgs ungewöhnlichster Straßenzug. Carlo Rossi gab hier dem antiken Ideal perfekter Harmonie architektonische Form.

Rossi plante die Straße unter Verwendung eines strikt eingehaltenen Proportionssystems: Ihre Breite misst 22 m und ist damit identisch mit der Höhe der Gebäude zu beiden Straßenseiten. Die Straßenlänge wiederum ist das Produkt dieses Ausgangswertes mal 10 – sie beträgt exakt 220 m. Absolut identisch sind auch die mit ionischen Säulenpaaren gegliederten Fassadenfronten. Bei aller visueller Eindrücklichkeit mag die perfekt konzipierte Anlage manchen monoton und in ihrer durchgeplanten Strenge gar beklemmend erscheinen. Errichtet wurde der Straßenzug von 1828 bis 1834 als Verbindung zweier ebenfalls von Rossi gestalteter Plätze: des **Ostrowskij-** 24 und des **Lomonosow-Platzes** [F7]. Seit 1836 hat in der Rossi-Straße Nr. 2 die weltberühmte **Waganowa-Ballettakademie** ihren Sitz. Namensgeberin ist Agrippina Waganowa, deren „Waganowa-Methode" bis heute weltweit Standard in der klassischen Ballettausbildung ist. Stellvertretend für die lange Liste herausragender Absolventen sei hier nur Rudolf Nurejew genannt, der durch seine Flucht in den Westen, Freundschaften mit Andy Warhol und Freddie Mercury und seinen tragischen AIDS-Tod auch außerhalb der Ballettwelt für Aufsehen sorgte.

› Metro: Gostinyj Dwor

Newskij Prospekt: östlich der Fontanka

26 Kusnetschnyj-Markt (Кузнечный рынок) ★ [G7]

Mariniertes Gemüse, Trockenpilze, Tworog (Quark) und Smetana (Schmand), Gewürze, Nüsse, Honig, Trockenfrüchte, Obst und Gemüse, Fleisch, Innereien, Räucherfisch ...

In der kleinen Markthalle aus den 1920er-Jahren findet sich die ganze Vielfalt russisch-kaukasisch-zentralasiatischer Leckereien, perfekt auf den weiß gefliesten Verkaufstheken arrangiert, frisch und in bester Qualität. Gerne bieten die Händler Kosthäppchen an, oft ungefragt. Wer einkaufen möchte, sollte sich zuvor nach dem Preis erkundigen und ruhig etwas feilschen. Dies gilt aber ausdrücklich nicht für Einkäufe bei den *Babuschkas*, die vor der Markthalle in kleinen Mengen Erzeugnisse aus ihren Gärten feilbieten. **Achtung:** Der Markt bietet zweifellos schöne Fotomotive. Vor dem Fotografieren aber immer fragen!

› Kusnetschnyj Per. 3, Metro: Wladimirskaja, Mo.–Sa. 8–20, So. 8–19 Uhr

27 Dostojewskij-Museum (Музей Ф. М. Достоевского) ★★ [G7]

Dostojewskij bezog die schlichte Wohnung unweit der Wladimir-Kirche im Oktober 1878. Er wohnte hier bis zu seinem Tod 1881 mit seiner Frau und früheren Sekretärin Anna Snitkina und ihren beiden Kindern. In dem kleinen Arbeitszimmer der Wohnung entstand der letzte seiner „großen fünf" Romane, „Die Brüder Karamasow".

Erst im Jahr 1971 wurde Dostojewskijs letzte Petersburger Wohnung zum Museum: Beleg dafür, wie schwer sich die Sowjets mit dem genialen Autor – bzw. seinen **religiösen und philosophischen Ansichten** – taten. Lenin etwa machte aus seiner Dostojewskij-Abneigung nie einen Hehl. Die Wohnungseinrichtung wurde, wie diejenige des Puschkin-Museums 7, nach zeitgenössischen Erinnerungen (vor allem seiner Frau Anna) rekonstruiert, wobei der Gegensatz zwischen dem luxuriösen Domizil Puschkins und Dostojewskijs bescheidener Bleibe größer kaum sein könnte. Zu sehen sind u. a. **persönliche Gegenstände des Autors,** wie z. B. sein Spazierstock und sein Hut. In den Zimmern geben englische Informationstexte einen Einblick in Dostojewskijs alltägliches Leben und die Beziehung zu seiner Familie.

Neben der ehemaligen Wohnung informiert eine umfangreiche literarische Ausstellung über Dostojewskijs Werk – mit dem Audioguide kann man sich gut zurechtzufinden. Zum Museum gehört auch ein kleines Theater.

› Kusnetschnyj Per. 5/2, Metro: Wladimirskaja, www.md.spb.ru, Eintritt: 250 Rub, Audioguide: 250 Rub, 11–18, Mi. 13–20 Uhr, geschl.: Mo. und an Feiertagen

28 Arktis- und Antarktismuseum (Музей Арктики и Антарктики) ★ [G7]

Ausgestopfte Polartiere, herrliche Wandmalereien arktischer Landschaften, Dioramen von Forschungsstationen, ein von der Decke hängendes Propellerflugzeug – nicht nur für Kinder ist der Besuch dieses charmanten Museums ein Erlebnis.

Seit Ende der 1930er-Jahre beherbergt die einstige Nikolauskirche diese ungewöhnliche Ausstellung, ein Indiz dafür, welch hohen Stellenwert die wissenschaftliche Erschließung und Ausbeutung der Polargebiete für die Sowjetunion besaß. Heute ist das Museum die weltweit größte Sammlung, die sich thematisch mit der Erforschung und der Fauna der Polarregionen befasst.

Das Erdgeschoss ist der Arktis gewidmet, das Obergeschoss unter der ehemaligen Kirchenkuppel der Antarktis. Viele Beschriftungen sind auf Englisch.

› Ul. Marata 24a, Metro: Waldimirskaja, www.polarmuseum.ru, Eintritt: 300 Rub, 10–18, geschl.: Mo. und letzter Fr. des Monats, vom 1.6. bis 31.8. auch Di.

29 Künstlerhaus Puschkinskaja 10 (Арт-центр „Пушкинская–10") ★★ [H7]

Tacheles auf Petersburgisch: Seit der baufällige, 300 Wohnungen zählende Hauskomplex 1989 von einer Künstlergruppe besetzt wurde, schlägt hier das subversive Herz der alternativen Künstlerszene. Die Gruppe trotzte allen Räumungsversuchen und rang der Stadtverwaltung das Zugeständnis ab, auf einem Drittel der Fläche bleiben zu dürfen.

Wer den Durchgang vom Ligowskij Prospekt passiert hat, den begrüßen auf dem ersten Hinterhof eine Büste Puschkins, Wandreliefs der Beatles und mit Graffiti übersäte Mauern. Auf dem zweiten Hinterhof weist eine Infotafel (auch auf Englisch) den Weg durch das Labyrinth aus Museen, Studios und Galerien. Da sind das hervorragende **Museum der Nonkonformistischen Kunst** (geöffnet: 16–20, Sa./So. 12–20 Uhr), ein privates Beatles-Museum (offizieller Name „**Tempel der Liebe, des Friedens und der Musik**", geöffnet: Fr. 18–20 Uhr), das „Basa", ein Laden mit Equipment für DJs (geöffnet: Mo.–Sa. 11–21, So. 12–20 Uhr) und vieles mehr – vor allem Galerien und Studios. Auf dem ersten Hof hat der Untergrund-Klub **Fish Fabrique** sein neues Zuhause gefunden, nachdem er lange Zeit in einer der Wohnungen im Haus untergebracht war.

› Ligowskij Pr. 53 (im Hof), Metro: Pl. Wosstanija, www.p-10.ru

30 Moskauer Bahnhof/Platz des Aufstands (Московский вокзал/ Площадь Восстания) ★ [H7]

Der Bahnhof am Newskij Prospekt wurde am Knick in der Großen Perspektive, auf halber Strecke zwischen Admiralität 3 und Newskij-Kloster 43, errichtet.

Das Gebäude mit Uhrturm und Neorenaissance-Fassade erinnert kaum an einen Bahnhof – Architekt Konstantin Thon maskierte die Funktion des Gebäudes geschickt. Eingeweiht wurde der Bahnhof 1851, seitdem beginnt hier die wichtigste Eisenbahnlinie Russlands, die 650 km lange Strecke Petersburg-Moskau. Auf dem verkehrsumtosten **Bahnhofsvorplatz** versammelten sich während der Februarrevolution 1917 die Petersburger zu großen Protestkundgebungen.

Nach einem Blutbad kam es hier schließlich zur Verbrüderung zwischen Soldaten, Kosaken und Demonstranten. Nach 1917 vereinnahmten die Bolschewiki den Ort, obwohl er während der Oktoberrevolution keine große Rolle spielte. Die barocke Snamenskaja-Kirche wurde abgerissen. Exakt an ihrer Stelle wurde später die „stalinklassizistische" **Metrostation** errichtet, die Elemente des verschwundenen Sakralbaus zitiert. Auch das Reiterdenkmal Alexanders III., das einst vor dem Bahnhof stand und von den Februarrevolutionären noch als Rednertribüne genutzt wurde, wurde entfernt. Heute steht es vor dem Marmorpalais 8.

Seit 1985 erinnert ein **riesiger Obelisk** in der Platzmitte an den Sieg über Nazi-Deutschland. Vom klassizistischen Hotel Oktjabrskaja (s. S. 122) prangt die Inschrift „Heldenstadt Leningrad" (Город-Герои Ленинград).

› Metro: Pl. Wosstanija

Wiege der Stadt: die Petersburger Seite

31 Peter-Paul-Festung (Петропавловская крепость) ★★★ [E4]

Die Festung auf der kleinen Haseninsel ist Petersburgs Geburtsort. Einst sollte sie die geplante Stadt vor möglichen schwedischen Angriffen schützen. Heute ist die weitläufige Anlage ein Ruhepol im städtischen Treiben. Mit den ersten Sonnenstrahlen des Jahres bevölkern Sonnenanbeter und Schwimmer die Strände vor den dicken Mauern.

Die Bauarbeiten begannen am 27. Mai 1703 auf dem Höhepunkt des Großen Nordischen Krieges. Das erste Provisorium aus Erdwällen und Holz wurde bis 1740 durch einen mächtigen Steinbau in Form eines mit Bastionen geschützten Sechsecks ersetzt. In kriegerische Handlungen war die Festung nie verwickelt. Stattdessen wurde sie bald zum Gefängnis umfunktioniert. Der erste einer langen Reihe hier internierter politischer Gefangener war Peters widerspenstiger Sohn Aleksej, der

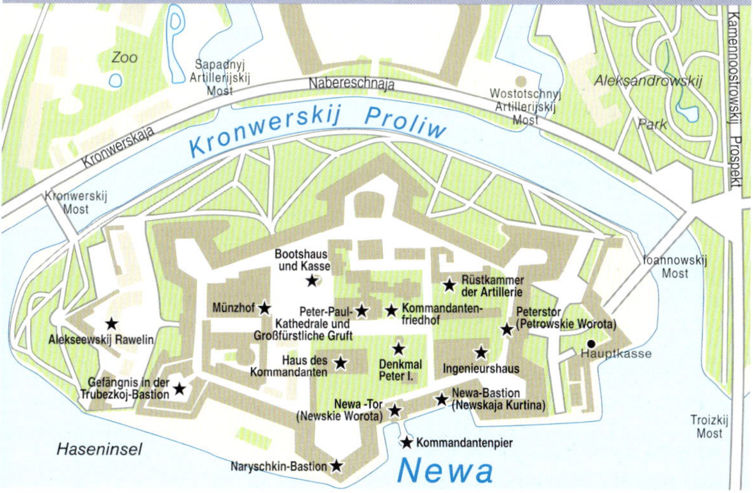

Peter-Paul-Festung — 1cm = 100 m, 0 – 100 m — ©Reise Know-How 2018

039sp Abb.: blj

1718 innerhalb der Festungsmauern starb. Ab den 1780er-Jahren wurden die Häftlinge in der **Trubezkoj-Bastion** eingekerkert. Auch die Dekabristen, Dostojewskij, Gorkij, Bakunin, Trozkij oder Lenins später hingerichteter Bruder, Aleksandr Uljanow, saßen hier ein. Letzte Gefangene waren die Minister der liberalen Übergangsregierung Kerenskij. Heute ist der Kerker ein sehenswertes Museum.

Wer die Haseninsel über die **Ioannowskij-Brücke** betritt, sollte links nach der kleinen **Hasenstatue** Ausschau halten, die auf einem Holzpfahl im Wasser thront. Der Legende nach soll hier einst ein von Fluten eingeschlossener Hase durch einen Sprung in Peters Boot sein Leben gerettet haben. Die Pegelstände der Newa sind auf dem Pfahl markiert und erinnern an die stete Bedrohung der Stadt durch das Wasser.

Der Haupteingang der Festung ist das wuchtige **Peterstor von 1718**. Es wird von einem zweiköpfigen Adler geziert, dem russischen Staatswappen.

Kurz dahinter stößt man auf eine äußerst ungewöhnliche Skulptur. Die **Statue Peters I.** mit ihrem massigen Körper, ihrem winzigen Kopf und den dürren Fingern, die Spinnenbeinen gleichen, sorgte für heftige Kritik, als sie 1991 aufgestellt wurde. Die Darstellung des Zaren sei respektlos, ebenso die implizite Anspielung auf den russischen Staat (kleiner Kopf, lange Finger). Ihr Schöpfer, Michail Schemjakin, in der Sowjetunion zwangspsychatrisiert und später exiliert, orientierte sich bei der Gestaltung des Zarenkopfes an Peters Totenmaske, die im Russischen Museum ⑯ zu sehen ist. Mittlerweile haben sich die Russen mit der Skulptur ausgesöhnt, der Fotoshoot mit dem Zaren ist für alle Besucher obligatorisch.

Herausragende Sehenswürdigkeit der Anlage ist die **Peter-Paul-Kathedrale**, deren 122 m hoher Glockenturm wie derjenige der Admiralität ③ seinen Abschluss in einer spitzen, goldenen Nadel findet. Die Kathedrale – ein Werk Domenico Trezzinis – wurde 1733 geweiht. Wie von Peter gewünscht, brach sie radikal mit der Tradition orthodoxer Sakralbauten. Ihr erhaben-prächtiges Inneres ist die **Ruhestätte fast aller Zaren**, von Peter I. bis zu Nikolaus II. Alle Sarkophage sind aus weißem Marmor, mit Aus-

⌃ *Die Peter-Paul-Festung mit der gleichnamigen Kathedrale*

nahme derer Alexanders II. und seiner Frau, die in einem schwarzen und roten Sarkophag ruhen. Die sterblichen Überreste von Nikolaus II. und seiner Familie wurden hier nach ihrer Exhumierung in Jekaterinburg – dort wurde die Zarenfamilie durch die Bolschewiki erschossen – 1998 feierlich beigesetzt. Gegenüber der Kathedrale liegt der **Münzhof**, einst staatliche Münze. Heute werden hier Gedenkmünzen aus Edelmetall geprägt, für die man schon mal einige 10.000 Rubel hinblättern kann.

Numismatisch Interessierte sollten auf jeden Fall den Blick in das rechts neben der Prägestätte in der Festungsmauer lokalisierte Münzgeschäft nicht verpassen. Unbedingt sehenswert sind auch das **Newa-Tor und der Kommandantenlandesteg** im südlichen Festungsteil. Hier war der wasserseitige Eingang zur Festung, heute landen hier Ausflugsboote.

Auf dem Festungsgelände befinden sich noch weitere, teils recht interessante Museen mit Dauer- oder Wechselausstellungen (s. Website). Ausführliche Infos und Übersichtspläne erhält man an der **Hauptkasse**, die, von der Ioannowskij-Brücke kommend, gleich links hinter dem ersten Eingangstor lokalisiert ist.

› Petropawlowskaja Krepost, Metro: Gorkowskaja, www.spbmuseum.ru, Eintritt: Festungsgelände frei, Kombi-Ticket für Kathedrale/Trubezkoj-Bastion und diverse Museen 600 Rub, Preise für Einzeltickets s. Website, Festungsgelände tägl. 6–21 Uhr, Kathedrale: 10–18, Di. 10–17, So. 11–18 Uhr, Trubezkoj-Bastion 10–18, Di. 10–17 Uhr, geschl.: Mi. Im Herbst/Winter sind die Schließzeiten i. d. R eine Stunde früher. **Achtung:** Der Glockenturm kann vom 1.10. bis 30.4. nur geführt bestiegen werden, für die Reservierung siehe Website.

KURZ & KNAPP

Uhrzeit per Kanonenschuss

Täglich um Punkt 12 Uhr wird von der Naryschkin-Bastion aus zwei Geschützen gefeuert. Früher wurde den Petersburgern so einmal täglich per Kanonenschuss die genaue Uhrzeit „angezeigt".

Der Solowezki-Gedenkstein

Der Gedenkstein am Troizkaja Pl., der Verkehrsinsel gleich hinter der Troizkij-Brücke, erinnert an die Opfer des stalinistischen Terrors und wurde von der Menschenrechtsorganisation Memorial errichtet. Der wuchtige Findling stammt von den Solowki-Inseln im Weißen Meer. Das dort 1923 in Betrieb genommene „Lager Besonderer Bestimmung" wurde zur Modelleinrichtung für das gesamte Gulagsystem. Wegen seiner grauenhaften Haftbedingungen und der zahllosen Morde ist es zum **zentralen Symbol des bolschewistischen Terrors** geworden. Eine der vier Inschriften auf dem Granitsockel ist eine Zeile aus Anna Achmatowas *Requiem:* „Ich möchte alle beim Namen nennen ...". Der Gedenkstein wurde bereits mehrfach geschändet.

32 Große Moschee (Соборная мечеть) ★ [E4]

Bei ihrer Eröffnung 1913 war sie die größte Moschee Europas. Dies ist sie nicht mehr, aber die Maße beeindrucken noch immer. 49 m ragen die Minarette in die Höhe und die prachtvolle türkisblaue Kuppel dominiert die „Skyline" auf der Petersburger Seite.

Das russische Architektenteam um Aleksandr Gogen orientierte sich beim Bau am Tamerlan-Mausoleum im usbekischen Samarkand, der

Grabstätte des seinerzeit mächtigsten muslimischen Herrschers, Timur Lenk. Eingangsportale und Kuppel der Moschee sind mit **prächtig ausgestalteten, handbemalten Kacheln** geschmückt. 1913 lebten nur etwa 8000 Muslime in Petersburg, heute ist die moslemische Gemeinde nach manchen Schätzungen auf bis zu 700.000 Menschen gewachsen, darunter viele Arbeitsmigranten. Die Moschee ist ein stark besuchtes Gebetshaus, kann aber den vielen Gläubigen kaum Platz bieten. Eine zweite Moschee wurde 2009 im Primorskij-Distrikt errichtet, der Bau weiterer Moscheen wird nach Gemeindeangaben von der Stadtverwaltung behindert. Besichtigt werden kann die Moschee außerhalb der Freitagsgebete, Eingang über den Hof an der Rückseite, Frauen benötigen Kopfbedeckung, unbedingt Schuhe ausziehen!

› Kronwerkskij Pr. 7, Metro: Gorkowskaja, http://dum-spb.ru, tägl. 10–17 Uhr, geschl.: während des Freitagsgebets

33 Villa Kschesinskaja (Особняк Кшесинской) ★★ [E4]

Die Villa der Tänzerin Matilda Kschesinskaja hat eine bewegte Geschichte: Die skandalumwitterte Ballerina feierte hier rauschende Empfänge, bis sie im Zuge der Februarrevolution 1917 nach Frankreich emigrieren musste.

Kschesinskaja war die erste Geliebte des späteren Zaren Nikolaus II. und – obgleich talentiert – wohl vor allem dank seines Einflusses ab 1896 **Primaballerina am Mariinskij-Theater** 41. Die Affäre zwischen der Ballerina und dem mittlerweile heiliggesprochenen Zaren wurde 2017 von Alexej Utschitel verfilmt – bereits vor der Uraufführung kam es zu gewalttätigen Protesten radikaler orthodoxer Kräfte, die den Film als „Sakrileg" erachten.

Die Villa wurde 1904–1906 von Aleksandr Gogen erbaut. Sie ist ein herausragendes Beispiel des **Petersburger Jugendstils**, berühmt vor allem wegen ihres asymmetrischen Grundrisses, der verschieden dimensionierte Einzelstrukturen zu einem eleganten Ganzen verbindet. 1917 wurde die Villa von den Bolschewiki in Besitz genommen, Lenin bezog hier ein Arbeitszimmer. Von dessen Balkon adressierte er seine erste Rede nach der Rückkehr aus dem Exil an das auf dem Kronwerkskij Prospekt versammelte Volk. Zur Sowjetzeit beherbergte das Haus ein Revolutionsmuseum, seit 1991 das **Museum der politischen Geschichte Russlands.**

› Ul. Kujbyschewa 4, Metro: Gorkowskaja, www.polithistory.ru, Eintritt: 200 Rub, 10–18, Mi./Fr. 10–20 Uhr, geschl.: Do. und letzter Mo. des Monats

34 Wohnhaus Peters I. (Домик Петра I.) ★★ [F4]

Peters erster Petersburger „Palast" ist das älteste Bauwerk der Stadt. Die gerade einmal 12 m lange Holzblockhütte wurde innerhalb dreier Tage im Mai 1703 errichtet. Peter residierte hier einige Wochen, um die beginnenden Bauarbeiten an seiner neuen Kapitale zu überwachen und dabei selbst Hand anzulegen.

Dass das Häuschen erhalten blieb, ist Katharina II. zu verdanken, die es 1784 mit einem steinernen Pavillon überbauen ließ, um so das Holz vor dem Verfall zu bewahren. Peter hatte den Erhalt des Häuschens für die Nachwelt selbst angeordnet – es sollte den Aufstieg der Stadt aus dem Nichts dokumentieren und auch als Zeugnis seiner Bescheidenheit die-

Der Panzerkreuzer Aurora (Крейсер „Аврора")

Jedes sowjetische Kind kannte sie in- und auswendig: die Geschichte der Aurora. Der Panzerkreuzer ist das legendäre Symbol der „Großen Sozialistischen Oktoberrevolution".

Dabei war die Rolle der Aurora während des bolschewistischen Putsches recht bescheiden. Aus der Bugkanone feuerte das an der Blagoweschtschenskij-Brücke vor Anker liegende Schiff am späten Abend des 7. November 1917 (25. Oktober nach julianischem Kalender) einen Platzpatronenschuss ab - das Signal für die Bolschewiki zur Einnahme des Winterpalasts **2***. Dorthin hatte sich die liberale Übergangsregierung Kerenskij zurückgezogen. Die Einnahme des Palasts durch die Revolutionäre war ein Kinderspiel. Widerstandslos ließen sich die Minister verhaften, Kerenskij selbst hatte Petersburg bereits verlassen. Die Petrograder bekamen von der „Großen Oktoberrevolution" kaum etwas mit - erst die* ***sowjetische Propaganda*** *schuf den Mythos der dramatischen „Erstürmung" des Winterpalasts. Die Folgen der bolschewistischen Machtübernahme waren freilich von einer historischen Tragweite, die in der Geschichte der Menschheit ihresgleichen sucht. Die Aurora lief 1900 von der Petersburger Admiralitätswerft vom Stapel. Im Russisch-Japanischen Krieg 1904/1905 nahm sie an einem Seegefecht im Pazifik teil. Während des Ersten Weltkrieges wurde sie zu Reparaturarbeiten nach Petrograd verlegt, hier lief die Besatzung während der Februarrevolution 1917 zu den Aufständischen über.*

Der 126,8 m messende Panzerkreuzer liegt seit 1948 am Kai vor der Nachimow-Marineschule [F4] vor Anker. Er kann begangen werden, auch die Besichtigung der Mannschaftsunterkünfte und des Maschinenraums sind möglich. 2014 wurde die Aurora zur Generalsanierung in eine Kronstädter Werft gebracht, im Juli 2016 kehrte sie in neuem Glanz zu ihrem „ewigen Ankerplatz" zurück.

★1 *[F4]* ***Panzerkreuzer Aurora,*** *Petrogradskaja Nab., Metro: Gorkowskaja, www.navalmuseum.ru, Mi.-So. 11-18 Uhr (Kasse schließt 17.15 Uhr), Eintritt: 600 Rub*

040sp Abb.: blj

nen. Tatsächlich vermittelt das Häuschen einen recht guten Eindruck, wie unprätentiös der „Tatmensch" Peter mitunter gewesen sein muss. Besucher können durch die Fenster ins Innere des Häuschens blicken. Eingerichtet ist es mit **zeitgenössischen Möbeln**, zu sehen sind auch eine von Peters Pfeifen sowie ein Stuhl und ein Ruderboot, die der Zar wohl selbst tischlerte.

Die Bootsanlegestelle an der Newa vor dem Häuschen bewachen die seltsamen **Schi-Tsa**, die mythischen Skulpturen zweier „Froschlöwen".

› Petrowskaja Nab. 6, Metro: Gorkowskaja, www.rusmuseum.ru, Eintritt: 200 Rub, geöffnet: 10–18, Do. 13–21 Uhr, geschl.: Di. und letzter Mo. des Monats

35 Kamennoostrowskij Prospekt (Каменноостровский проспект) ★★ [E3]

Die Prachtstraße der Petersburger Seite war als Petersburger Champs Elysées geplant. Um 1900 war sie die schickste Adresse der Stadt und Experimentierfeld für die angesehensten Architekten jener Zeit. Der kurze Bummel zum Österreichischen Platz [E3] ist für alle Architekturinteressierten ein Muss.

Gleich zu Beginn der Straße ein architektonisches Juwel: das 1904 fertiggestellte **Lidwal-Haus** (Nr.1–3). Der schwedischstämmige Architekt Fjodor Lidwal schuf hier den Musterbau eines neuen Stils – der **„Petersburger Moderne"**, in der Elemente des Jugendstils mit einer modernen Interpretation klassizistischer Elemente verschmelzen. Das Wohnhaus umschließt einen Ehrenhof, die Fassaden sind wunderbar, aber doch dezent, mit Blumen- und Tiermotiven dekoriert. Leider ist der Hof nicht mehr zugänglich, aber von der Straße lassen sich doch einige Details erkennen: die im Dachgiebel flatternde Eule etwa oder die gusseisernen Balkongitter – Spinnennetze, in deren Mitte eine riesige Spinne sitzt. Lidwal bezog eine der komfortablen Wohnungen, bis ihn die Revolution 1917 zur Flucht nach Schweden zwang. Auf der gegenüberliegenden Straßenseite, in der Nr. 10, befand sich einst der legendäre Vergnügungspark „Aquarium", 1896 Schauplatz der ersten Kinovorführung Russlands, heute Sitz der nicht minder legendären **Lenfilm-Studios.** In dem Gebäude arbeitete u.a. **Sergej Eisenstein.** Wo der Prospekt die Ul. Mira schneidet, beeindruckt der **Österreichische Platz** durch sein prächtiges Jugendstil-Ensemble. Einen Abstecher lohnen auch das von der Architektenfamilie Benois erbaute **neoklassische Haus** (Nr. 26–28), in dem u.a. Schostakowitsch wohnte, und das atemberaubende, neogotische **Rosensteinhaus** (Nr. 35), auch „Haus mit den Türmen" genannt.

› Metro: Gorkowskaja

Blick auf die Wassilij-Insel mit der Kunstkammer

041sp Abb.: bij

Petersburgs Archiv: die Wassilij-Insel

36 Strelka (Стрелка) ★★★ [E5]

An ihrem östlichsten Zipfel, wo sich die Newa in die Große und Kleine Newa teilt, ragt die Wassilij-Insel wie eine Pfeilspitze („Strelka") in die Fluten. Wohl nirgends entfaltet sich das Panorama eindrucksvoller als hier.

Das wissen auch die Petersburger: Die kleine Parkanlage auf der Strelka ist einer der beliebtesten Treffpunkte der Stadt. Hobbytänzer, Biker und Liebespaare tummeln sich hier, während Scharen von Anglern, vom Trubel ungerührt, ihrer Tätigkeit nachgehen. Offiziell heißt der Platz Börsenplatz, nach dem tempelartigen **Börsengebäude** von 1810. Architekt Thomas de Thoman platzierte das Gebäude genial in einer Sichtachse mit dem auf der gegenüberliegenden Uferseite gelegenen Winterpalast 2 und der Peter-Paul-Festung 31 auf der Petersburger Seite. Er flankierte das monumentale klassizistische Gebäude mit den berühmten **Rostrasäulen** aus rotem Granit, eines *der* Wahrzeichen Petersburgs. Die beiden mit Schiffsschnäbeln (lat. „rostrum") geschmückten Säulen ragen 32 m in die Höhe und dienten im 19. Jh. als Leuchttürme. An Feiertagen werden sie heute mit Gas befeuert und leuchten dann weithin sichtbar wie zwei Riesenfackeln. Die Börse wurde von den Bolschewiki geschlossen und diente lange als Sitz des Marinemuseums. 2014 wurde das Gebäude der Eremitage 2 übergeben, die hier ein Heraldikmuseum plant.

› Metro: Admiraltejskaja, dann zu Fuß über die Schlossbrücke

37 Kunstkammer (Кунсткамера) ★★ [D5]

Die Kunstkammer ist Russlands erstes Museum überhaupt. Sie geht zurück auf die Raritätensammlung Peters des Großen, die – soviel sei verraten – nichts für zarte Gemüter ist.

Der Zar hatte den Grundstock der Sammlung bei seiner Reise durch Westeuropa einem Amsterdamer Anatom abgekauft. Die Sammlung beinhaltete **deformierte menschliche und tierische Embryonen** und Ähnliches. Wieder daheim, machte Peter sich sofort daran, seine Sammlung zu vergrößern. Er gab gar einen Er-

lass heraus, dass alle im Reich gefundenen Abnormalitäten umgehend an ihn abzugeben seien. Ab 1718 machte Peter seine „Kunstkammer" – die damals gängige Bezeichnung für vormuseale Privatsammlungen – der Öffentlichkeit zugänglich, denn der Zar verstand sich schließlich auch als großer Pädagoge. Seine abergläubischen Untertanen sollten die ausgestellten Deformationen als bloße medizinische Defekte erkennen – und nicht als Werk böser Geister. Der Eintritt war frei, die Herren wurden zudem mit einem kostenfreien Glas Wodka, die Damen mit Tee und Zuckergebäck geködert.

Peters Raritätensammlung ist heute noch zu bestaunen: Zu allerlei grauenhaften Launen der Natur gesellen sich ausgestopfte Fische, naturwissenschaftliche Instrumente, Zähne, die der von der Zahnmedizin begeisterte Zar eigenhändig zog, das Skelett des 2,27 m großen „Riesen" Bourgeois, den Peter kaufte und nach Petersburg brachte, damit er dort hünenhafte Soldaten für seine Armee zeuge, usw.

Ursprünglich zeigte Peter seine Sammlung im Sommergarten (10), 1724 zog sie in den prächtigen blauweißen Barockpalast um, der bis heute der markanteste Blickfang auf der Wassilij-Insel ist. Neben Peters Sammlung beherbergt die Kunstkammer eine großartige, leider sehr verstaubt präsentierte **Völkerkundesammlung** und eine Ausstellung über den russischen Wissenschaftstitanen Michail Lomonosow. Das **Observatorium** und der grandiose, begehbare **Gottorfer Riesenglobus** (1650–1664 gebaut), ein nicht ganz freiwilliges Geschenk des dänischen Königs Friedrich IV. an Peter, können nur im Rahmen von Führungen besichtigt werden.

› Uniwersitetskaja Nab. 3, Eingang Tamoschenyi Per., Metro: Admiraltejskaja, Trolleybusse 1, 10 und 11, www.kunstkamera.ru, Eintritt: 300 Rub, englische Führung zum Riesenglobus für Gruppen bis vier Personen 3700 Rub (vorab buchen unter +78123281412), Di.–So. 11–18 Uhr, geschl.: Mo. und letzter Di. des Monats

(38) Menschikow-Palais (Меншиковский дворец) ★★ [D6]

Die Mutter aller Petersburger Adelspaläste: 1710 bis 1727 für Aleksandr Menschikow erbaut, setzte das unerhört prunkvolle Anwesen und erste steinerne Haus der Stadt den Maßstab für alle späteren Petersburger Prachtbauten.

Menschikow war seit seiner Jugend ein treuer Freund Peters des Großen. Der Zar übertrug seinem fleißigsten und fähigsten Kopf später das Amt des **Generalgouverneurs von Petersburg.** In dieser Funktion überwachte Menschikow den Bau der neugegründeten Hauptstadt – und arbeitete dabei auch reichlich in die eigene Tasche. Sein gewaltiger, dreistöckiger Barockpalast wurde vom deutschstämmigen Architekten Gottfried Schädel vollendet. Menschikow übertraf mit der prunkvollen Ausstattung seiner Gemächer diejenigen des Zaren bei Weitem. Daher nutzte Peter den Palast des Freundes für diplomatische Empfänge und rauschende Feierlichkeiten – Menschikows und nicht Peters Domizil war das Zentrum des gesellschaftlichen Lebens in der jungen Stadt.

Im Palais können die prachtvollen Innenräume besichtigt werden: Wie der Zar selbst, hatte Menschikow ein Faible für alles Holländische: Viele der Säle sind mit handbemalten Delfter Kacheln ausgestattet. Über 30.000 Stück sollen im Palast verbaut worden sein.

› Uniwersitetskaja Nab. 15, Metro: Wasileostrowskaja, Trolleybusse 1, 10 und 11, www.hermitage.ru, Eintritt: 300 Rub, 10.30–18 Uhr, Mi., Fr. 10.30–21 Uhr, geschl.: Mo.

39 Sphinxen-Anleger (Пристань со сфинксами) ★ [D6]

Der Universitätskai vor dem Gebäude der Akademie der Künste ist die bekannteste Bootsanlegestelle Petersburgs. Zwei etwa 3500 Jahre alte Sphinxe aus rosa Granit wachen majestätisch über eine zur Newa hinabführende Freitreppe. Architekt Konstantin Thon entwarf die Kaianlage eigens für diese Skulpturen, deren Pracht hier beeindruckend zur Geltung kommt.

Die Sphinxe stammen aus der altägyptischen **Königsstadt Theben**, wo sie einst die Grabstätte des Amenhotep III. schmückten. Nikolaus I. ließ sie 1832 ankaufen und nach Petersburg bringen – die beginnenden Ausgrabungen im Tal der Könige führten im 19. Jh. zu einer regelrechten „Ägyptomanie" in Europa. Wer aufmerksam durch Petersburg streift, wird zahlreiche ägyptisch inspirierte Motive finden (Karyatiden, Obelisken, die ägyptische Brücke von 1826 usw.).

Um die Sphinxe dauerhaft vor dem unwirtlichen Petersburger Klima zu bewahren, gibt es Überlegungen, sie in die Eremitage 2 zu verbringen. Vorläufig überblicken sie aber noch, unendlich weise, den mächtigen Strom der Newa.

› Uniwersitetskaja Nab. 1, Metro: Wasileostrowskaja, Trolleybus: 1, 10

Im Theaterviertel

40 Jusupow-Palais (Дворец Юсуповых) ★★★ [D7]

Selbst wer schon einige Petersburger Adelspaläste besucht hat – und strahlenden Luxus sozusagen bereits gewohnt ist – wird erschlagen sein angesichts der unglaublichen Pracht, die sich im Inneren des Jusupow-Palais offenbart. Bekannt ist der Palast aber vor allem als der Ort, an dem Rasputin ermordet wurde.

Die sagenhaft reichen Jusupows erwarben den äußerlich eher schmucklos erscheinenden klassizistischen Palast 1830. Zahllose Um- und Anbauten gaben dem Anwesen seine heutige Gestalt. Die mitunter **riesigen Säle** präsentieren sich als eine grandiose Reise durch verschiedene Architekturepochen.

Absolute Highlights sind das **hauseigene Palast-Theater im Rokoko-Stil** (mit königlicher Loge, falls die Zarenfamilie zu Gast war) und der **maurische Saal** – der einem Märchen aus Tausendundeiner Nacht gleicht. Im Keller des Palastes ermordeten der dandyhafte Hausherr Felix Jusupow und einige Gleichgesinnte am 30. Dezember 1916 den sibirischen Wanderprediger **Grigorij Rasputin.** Ihrer Meinung nach gefährdete Rasputins Einfluss auf die Zarenfamilie die Stabilität des Reiches. Der Mord verlief, so behaupteten jedenfalls die Mörder, nicht nach Plan: Rasputin überlebte das mit Zyankali vergiftete Gebäck, mehrere Pistolenschüsse und Schläge auf den Kopf, bevor er in einen Teppich gewickelt in einem Eisloch in der Mojka versenkt wurde. Vermutlich wurde Rasputin aber schlicht und einfach zu Tode gefoltert. Am Tatort im Keller erinnert die

Rasputin-Ausstellung an die Mordtat. Zu sehen sind auch Rasputin als Wachsfigur und vor ihm auf dem Tisch der vergiftete Kuchen. Für den Mord musste sich Jusupow übrigens nie verantworten.

› Nab. Reki Mojki 94, Metro: Sadowaja, Admiraltejskaja. Dann etwa je 20 Min. zu Fuß, www.yusupov-palace.ru, Eintritt: 700 Rub (inkl. englischsprachigem Audioguide), Rasputin-Ausstellung: 350 Rub., tägl. 11–17 Uhr. **Achtung:** Individualtouristen können die Rasputin-Ausstellung nur Fr. bis Mo. von 17 bis 18.30 Uhr besichtigen, es gibt keine englischsprachigen Informationen.

41 Mariinskij-Theater (Мариинский театр) ★★ [D7]

Der hochzeitstortenähnliche Bau ist Heimat des weltberühmten Balletttheaters, dessen Tradition bis in die frühe Gründungszeit der Stadt zurückreicht.

Die glänzende Geschichte des Petersburger Balletts begründete Zarin Anna, die 1738 die Hochschule für Tanz und Ballett ins Leben rief, die als Waganowa-Ballettakademie in der Rossi-Straße 25 fortbesteht. Bis heute reüssieren die besten Absolventen der gestrengen Schule später am Mariinskij, viele wurden hier zu Weltstars. Das Mariinskij wiederum ist eine **Gründung Katharinas II.**, die 1783 den Bau eines kaiserlichen Ballett- und Operntheaters anordnete. Das heutige Gebäude stammt aus dem Jahr 1860. Sein prächtiges **Auditorium** mit Aleksandr Golowins berühmtem Bühnenvorhang wurde Ende des 19. Jh. noch einmal generalüberholt. Das Mariinskij verspricht Ballettgenuss an einem historischen Ort: Nahezu alle berühmten russischen Opern- und Ballettstücke wurden hier uraufgeführt, so Tschaikowskijs „Dornröschen" (1890) und „Nussknacker" (1892). Seit Mai 2013 verfügt das Mariinskij über eine zweite Spielstätte in direkter Nachbarschaft, das **Mariinskij II**, das nach zehnjähriger Bauzeit seine Pforten öffnete. Künstlerischer Leiter am Mariiniskij ist Walerij Gergijew, der mit seiner öffentlichen Unterstützung von Präsident Putin auch politisch in Erscheinung getreten ist.

042sp Abb.: blj

Gleich gegenüber dem Theater liegt das kaum minder berühmte **Petersburger Konservatorium**, zu dessen ersten Absolventen 1865 Tschaikowskij gehörte. Flankiert wird das Gebäude von den Statuen Nikolai Rimskij-Korsakows, Komponist und Professor am Konservatorium, und Michail Glinkas, Begründer der klassischen russischen Musik.

› Teatralnaja Pl. 1, Metro: Sadowaja, Admiraltejska, dann 20 Min. zu Fuß, alternativ Bus 3, 22, 27 vom Newskij Pr. direkt zum Teatralnaja Pl., www.mariinsky.ru, geöffnet: Kassen im Foyer tägl. 11–19 Uhr, Mariinskij II: Ul. Dekabristow 34, Ticketkassen geöffnet tägl. 11–19 Uhr. Für weitere Verkaufsstellen in der Stadt siehe www.mariinsky.ru/en/visit/buy.

› **Konservatorium:** Teatralnaja Pl. 3, www.conservatory.ru, Konzerte finden im Großen Saal und im Glasunow-Saal statt, Tickets an allen Theaterkassen.

42 Nikolaus-Marine-Kathedrale (Никольский морской собор) ★ [D8]

Die türkis-weiße Kathedrale mit den fünf goldenen Kuppeln gleicht eher einem Barockpalast als einer Kirche. Auch nach der Oktoberrevolution 1917 war sie nicht geschlossen – als eines von wenigen Petersburger Gotteshäusern entging sie dem Schicksal der Plünderung und Zweckentfremdung. Ab 1941 wurde die Kathedrale Hauptkirche der Petersburger Eparchie und blieb dies bis zu deren Umzug in die Kasaner Kathedrale 21 1999.

Einst diente die Kathedrale den Marineregimentern der Stadt als Bethaus – der heilige Nikolaus von Myra gilt als Schutzpatron der Seefahrer. Sie verfügt – typisch für viele russische Kirchen – über eine niedrig-düstere, aber beheizbare Unterkirche und eine (unbeheizbare) Oberkirche, wo im Sommer die Gottesdienste abgehalten wurden. Da die Bolschewiki die Kirche weitgehend verschonten, konnte die Innenausstattung im Original bewahrt werden, auch die imposante, vergoldete Barock-Ikonostase in der Oberkirche.

Bis heute ist der enge Bezug zur Flotte erhalten: In der Oberkirche findet sich u. a. eine Gedenktafel für die Besatzung der 1989 in der Barentssee havarierten Komsomolez. Auch der Gedenkgottesdienst für die Opfer der Kursk fand hier statt. Geweiht wurde die Kirche 1760. Architekt Sawwa Tschewakinskij war – wie unschwer zu erkennen – ein Schüler Rastrellis. Er schuf auch den abseits am Krjukow-Kanal stehenden Glockenturm, der wie die Kirche selbst ein herausragendes Beispiel reinsten Rastrelli-Barocks ist.

› Nikolskaja pl. 1, Metro: Sadowaja, www.nikolskiysobor.ru, tägl. 6.30–19.30 Uhr, Gottesdienste: tägl. 7, 10 und 18 Uhr

Entdeckungen außerhalb des Zentrums

43 Aleksandr-Newskij-Kloster (Александро-Невская лавра) ★★★ [I7]

Das Kloster am östlichen Ende des Newskij Prospekts ist das älteste der Stadt. Als eines von nur zwei russischen Klöstern trägt es den Ehrentitel „Lawra". Die orthodoxe Kirche bezeichnet so ein Männerkloster höchsten Ranges. Zum 300-jährigen Jubiläum 2010 spendierte Gazprom der Klosteranlage ein Facelift – seitdem erstrahlt sie in neuer Pracht.

‹ Jeder Ballettfreund kennt es: das Mariinskij-Theater

Das Kloster

1710, kurz nach seinem epochalen Sieg über die Schweden bei Poltawa, befahl Peter I. den Bau des Klosters, das Petersburg auch zum geistlichen Zentrum des Reiches machen sollte. Er benannte es symbolisch nach einem anderen Schwedenbesieger: dem **Nowgoroder Fürsten Aleksandr Jaroslawitsch** (1220–1263). Dieser schlug 1240 die Schweden an der Newa, was ihm den Beinamen **Newskij** („von der Newa") und, nach seinem Ableben, die Heiligsprechung einbrachte. Peter ließ Newskijs Gebeine 1724 feierlich von Wladimir ins neue Kloster überführen. Heute wird Newskij als Nationalheiliger verehrt.

Eine **Reiterstatue** von Newskij begrüßt die Besucher auf dem Platz vor dem Haupttor. Von hier führt ein von Friedhofsmauern eingefasster Weg zu der auf einer kleinen Insel gelegenen Klosteranlage. Sie wurde nach Entwürfen Domenico Trezzinis im Laufe des 18. Jh. erbaut. Heute zählen zehn Kirchen, drei Friedhöfe, die Mönchszellen, eine geistliche Akademie und die Metropolitenresidenz zum Komplex. Bedeutendste Sehenswürdigkeit ist die klassizistische **Dreifaltigkeitskathedrale.** Der gelbe Bau mit zwei Glockentürmen wurde 1790 geweiht. Untypisch das Innere: Statt einer Ikonostase führt ein prächtiges, von Ölgemälden (u. a. Kopien von Rubens und van Dyck) gerahmtes Zarentor in den Altarraum. Im rechten Seitenschiff prangt der silberne **Reliquienschrein mit den Gebeinen Newskijs.** Das Kloster beherbergt auch die älteste Steinkirche Petersburgs, die barocke, rot-weiße **Mariä-Verkündigungskathedrale** von 1715, Begräbnisstätte für Mitglieder der Zarenfamilie. Auch Generalissimus Suworow – genialer Stratege der russisch-osmanischen Kriege – wurde hier beigesetzt.

Die Friedhöfe

Hinter den Mauern, die den Weg zum Kloster flankieren, liegen Petersburgs berühmteste Friedhöfe: rechts der **Tichwiner Friedhof,** links der **Lazarusfriedhof.** Auf dem Tichwiner Friedhof wurden ab 1823 die großen Künstler der Stadt beerdigt. Viele der genialsten Petersburger Geister fanden in den mit Büsten oder Skulpturen geschmückten Gräbern ihre letzte Ruhe. So auch Dostojewskij, dessen Epitaph derselbe Christus-Ausspruch ziert, den er seinen „Brüdern Karamasow“ voranstellte: „Wahrlich, ich sage euch: Wenn das Weizenkorn nicht in die Erde fällt und erstirbt, bleibt es al-

Die Dreifaltigkeitskathedrale

lein; wenn es aber erstirbt, bringt es viel Frucht." (Johannes, 12, 24).

Unweit des großen Autors sind – dicht beieinander – die Komponisten Rubinstein, Tschaikowskij, Rimskij-Korsakow, Musorgskij und Glinka bestattet.

Die auf dem Friedhof gelegene Tichwiner Kirche ist heute **Ausstellungshalle des Städtischen Skulpturenmuseums**, das sich mit der Pflege und Restaurierung öffentlicher Petersburger Denkmäler befasst. Die sehenswerte Sammlung im ersten Stock zeigt Originalmodelle aller herausragenden Denkmäler der Stadt und Modelle solcher, die aktuell noch in Planung begriffen sind.

Anders als der übersichtliche Tichwiner Friedhof ist der **Lazarusfriedhof** ein schaurig-schönes Durcheinander von Grabstellen. Hier wurden einst die bedeutendsten Bürger der Stadt beigesetzt, darunter die Gelehrten Euler und Lomonosow und zahlreiche herausragende Baumeister (u. a. Carlo Rossi, Quarenghi). Auch Puschkins Frau Natalja liegt hier begraben.

› Nab. Reki Monastyrki, Metro: Pl. Aleksandra Newskogo, www.lavra.spb.ru (Kloster), www.gmgs.ru (Skulpturenmuseum), **Eintritt:** Kloster: frei, Verkündigungskathedrale: 150 Rub, Friedhöfe: 400 Rub (Ticket gilt für beide Friedhöfe), Skulpturenmuseum: 150 Rub, **Öffnungszeiten:** Kloster tägl. 5.30–23 Uhr, Dreifaltigkeitskathedrale: 5.45–20 Uhr, Abendgottesdienst tägl. ab 17 Uhr, Friedhöfe: tägl. 9.30–18 Uhr, Skulpturenmuseum: 10–17 Uhr. **Achtung:** Lagepläne für die Friedhöfe gibt es an der Kasse. Vor allem für den Lazarusfriedhof ist dieser zum Auffinden der Grabstellen essenziell. Der beste Plan findet sich hier aber auf dem Friedhof selbst, am Eingang links gegenüber dem Kassenhäuschen das Treppchen hoch.

44 Taurischer Garten (Таврический сад) ★ [H5]

Angelegt wurde die große, hübsche Gartenanlage von 1783 bis 1789 im romantischen Stil. Um eine „sanft geschwungene" englische Parklandschaft zu imitieren, wurden Hügel aufgeschüttet, den Mittelpunkt bildet ein künstlicher See.

Der aufwendig gestaltete Park umgibt das zeitgleich errichtete, klassizistische **Taurische Palais**, das Katharina II. ihrem Vertrauten Grigorij Potjomkin schenkte. Potjomkin war Katharinas „Mastermind" bei der Erschließung Neurusslands, der Gebiete, die heute an der ukrainischen Schwarzmeerküste liegen. Für seine Verdienste erhielt er den Ehrentitel „Fürst von Taurien" (Taurien ist der antike Name dieser Region), von dem sich der Name des Gartens und des Palasts ableiten.

Das sonnengelbe Palais, eine der größten Palastanlagen Petersburgs, wurde nach Potjomkins Tod auch von Katharina selbst bewohnt. Von 1906 an war es „Geburtsstätte, Zitadelle und Friedhof der russischen Demokratie" (Orlando Figes) – die **Duma hatte hier ihren Sitz.** Nach der Februarrevolution 1917 stand der Palast im Mittelpunkt des siedenden politischen Konflikts, kurzfristig hielten hier sowohl die liberale Übergangsregierung als auch der Petrograder Sowjet ihre Sitzungen ab. Erstere zog später ins Marienpalais, letzterer ins Smolnyj-Institut 45 um. Direkt nach seiner Rückkehr aus dem Exil stellte Lenin hier am 17.4.1917 seine „Aprilthesen" vor. „Alle Macht den Sowjets" und ein „Ende des Krieges" waren die zentralen Forderungen. Leider ist das Palais nicht für die Öffentlichkeit zugänglich.

› Potjomkinskaja Ul. 2, Metro: Tschernyschewskaja, geöffnet: tägl. 7–22 Uhr

45 Smolnyj-Kloster (Смольный монастырь) ★★★ [I4]

Rastrelli schuf mit dem Smolnyj sein wohl künstlerisch vollkommenstes Werk. Die Klosteranlage, die sich um die glanzvolle, himmelblau-weiße Auferstehungskathedrale gruppiert, gilt als das Juwel des russischen Barock. Selbst Quarenghi, der komplett andere architektonische Ansichten vertrat, entfuhr der begeisterte Ausruf „Ecco una chiesa!" („Was für eine Kirche!"), als er die Kathedrale erstmals sah.

Den Auftrag zum Bau des Klosters erhielt Rastrelli 1748 von Elisabeth I. – die tiefgläubige Zarin plante ihre letzten Tage in einem Kloster zu beschließen. Als Standort für ihren Alterssitz wählte sie das in einer Newa-Schleife gelegene Gelände eines einstigen Teerhofes. Rastrelli komponierte eine geschlossene **Anlage in Form eines griechischen Kreuzes.** Die Wohngebäude der 120 Nonnen, die der Zarin Gesellschaft leisten sollten, umschließen effektvoll die in der Mitte platzierte Kathedrale. Rastrelli plante sie ursprünglich einkuppelig, im „römischen Stil". Doch Elisabeth bestand auf der traditionellen orthodoxen Fünfkuppelbauweise und wies Rastrelli an, sich an der Kremlarchitektur zu orientieren. So präsentiert sich der himmelwärts strebende, fast 94 m hohe Bau in vollendeter barocker Formensprache, aber mit den typischen fünf Kuppeln.

Als Elisabeth 1762 unerwartet starb, kamen die Arbeiten am Smolnyj ins Stocken. Der neuen Zarin, **Katharina II.**, missfiel Rastrellis Barock – sie bevorzugte den modernen Klassizismus. Rastrelli spielte keine Rolle mehr am Hof und konnte seine Pläne, im Smolnyj einen gigantischen, 140 m hohen Glockenturm zu erbauen, nie verwirklichen. Selbst die Kathedrale wurde nur als Rohbau fertig. Erst 1832 bis 1835 beendete **Wasilij Stasow** die Arbeiten am Gotteshaus.

Katharina gab der Anlage auch eine neue Bestimmung. Auf ihr Geheiß nahm dort 1764 eine **„Bildungsanstalt für adelige Mädchen"** den Lehrbetrieb auf – die erste Bildungseinrichtung für Frauen in Russland. Der strenge Unterricht sollte die *Smoljanki* genannten Mädchen zu „Hofdamen" ausbilden. Später erhielten diese ihren eigenen Bau in direkter Nachbarschaft. Das **Smolnyj-Institut** wurde von Quarenghi im klassizistischen Stil entworfen und von 1806 bis 1808 errichtet. 1917 wurde von hier aus Weltgeschichte geschrieben: Die Bolschewiki richteten ihr Hauptquartier in der inzwischen geschlossenen Mädchenschule ein. Lenin und seine Frau bezogen ein Zimmer im Westflügel, die prächtige Aula diente als Sitzungssaal.

Die Kathedrale, von den Bolschewiki geplündert und 1931 geschlossen, dient heute als Konzertsaal, der berühmte Smolnyj-Kammerchor tritt regelmäßig auf. Auch ohne Konzert lohnt die Besichtigung. Die Klostergebäude beherbergen die sozialwissenschaftlichen Fakultäten der Universität St. Petersburg, Touristen haben keinen Zutritt. Im Smolnyj-Institut residieren heute der Gouverneur und die Stadtregierungen, die Besichtigung mit geführten Touren ist aber möglich.

› Pl. Rastrelli, Metro: Tschernyschewskaja, von hier Busse 22 oder Trolleybus 15. Alternativ Metro Pl. Wosstanija, von hier Bus 22 oder Trolleybus 5, Eintritt: 210 Rub, Glockenturm: 110 Rub, **Achtung:** Das Besteigen des Glockenturms ist (theoretisch) nur Gruppen gestattet, Do.–Di. 10.30–18 Uhr, geschl.: Mi.

46 Piskarjowskoe-Gedenkfriedhof (Пискарёвское мемориальное кладбище) ★★

Die bedeutendste Erinnerungsstätte für die Opfer der Leningrader Blockade erschüttert und bewegt. In den endlosen Gräberfeldern ruhen 420.000 zivile Opfer, die während der fast 900-tägigen Blockade verhungerten oder erfroren, und 70.000 Rotarmisten, die bei der Verteidigung der Stadt fielen.

Die meisten Toten wurden anonym bestattet. Auf einem Stein ist lediglich die Jahreszahl vermerkt, in der das Gräberfeld angelegt wurde. Hammer und Sichel verweisen auf zivile Gräber, ein Stern auf Rotarmisten. Nach Kriegsende wurde der Friedhof als Gedenkstätte gestaltet, die am 9. Mai 1960 eröffnet wurde. Zwei **Gedenkhallen** am Eingang beherbergen eine Dauerausstellung, die die grauenhaften Lebensbedingungen in der belagerten Stadt dokumentiert. Dahinter führt eine 450 m lange Allee vorbei an der „Ewigen Flamme“ und zwischen den Gräberfeldern hindurch zur **Bronzestatue der trauernden Mutter Heimat.** Aus Lautsprechern ertönt klassische Musik. Die Granitwand hinter dem Monument trägt ein Gedicht der Schriftstellerin Olga Bergholz, die als „Stimme der Blockade“ ihren Leidensgenossen über das Radio Mut zusprach. Es endet mit den Worten „All ihre edlen Namen können wir nicht aufzählen. Es sind ihrer so viele unter dem ewigen Schutze des Granits. Doch Du, der Du diesen Steinen lauschst, sollst wissen - Niemand ist vergessen .. und nichts ist vergessen“.

› Nepokorennych Pr. 72, Metro: Pl. Muschestwa, dann Bus 123 oder 138, www.pmemorial.ru, tägl. 9–18 Uhr, im Sommer bis 21 Uhr

47 Blockade-Denkmal (Монумент героическим защитникам Ленинграда) ★

Das „Denkmal für die heroischen Verteidiger Leningrads“, so der offizielle Name, ist ein gutes Beispiel für die monumentale Helden-Gedenkarchitektur der Breschnew-Zeit. Für Reisende, die vom Pulkowo-Flughafen (s. S. 104) kommend in Richtung Zentrum das Denkmal passieren, ist die imposante Anlage oft der erste visuelle Eindruck, den diese von Sankt Petersburg gewinnen.

Der im Jahr 1975 eingeweihte Gedenkkomplex liegt auf dem **Platz des Sieges**, einer Verkehrsinsel am Moskowskij Prospekt. Ein gewaltiger Granitring – durchstoßen von einem 48 m hohen Obelisken – symbolisiert den Durchbruch der deutschen Blockade. Überlebensgroße Skulpturen eines Arbeiters und eines Rotarmisten sowie verschiedene Skulpturengruppen (Scharfschützen, Matrosen, Piloten und weitere) sind vor dem Ring platziert worden. In seinem Inneren erklingt die berühmte **„Leningrader Sinfonie“** und eine Skulptur zeigt die eigentlichen Blockadeopfer – die Bewohner Leningrads. Hier befindet sich auch der Eingang zur unterirdischen, beinahe sakralen Gedenkhalle: Zwei riesige Wandmosaiken stellen das Leid der belagerten Stadt und die erlösende Befreiung dar. In Schaukästen ruhen **Erinnerungsstücke aus der Blockadezeit**, unter anderem eine Violine Schostakowitschs.

› Pl. Pobedy, Metro: Moskowskaja, www.spbmuseum.ru, Eintritt: 150 Rub, 11–18, Di. 11–17 Uhr, geschl.: Mi. und letzter Di. des Monats

Ausflugsziele: Zarenpaläste vor den Toren der Stadt

48 Peterhof (Петергоф) ★★★ [Karte S. 56]

Peterhof – das „russische Versailles" – ist die älteste der außerhalb Petersburgs gelegenen Zarenresidenzen und eine der größten Touristenattraktionen des Landes. Die von Peter I. teils selbst entworfene, von weitläufigen Parks umgebene Palastanlage an der Ostseeküste ist vor allem wegen ihrer Brunnen und Wasserspiele weltberühmt.

Bei der Konzeption seiner Sommerresidenz sprühte Peter vor Ideen. Ein besonderes Anliegen war ihm, den Palast mit herrlichen Brunnenanlagen zu umgeben, die gewissermaßen **symbolisch für seine Herrschaft über das nasse Element** stehen sollten. Die Kontrolle des Wassers war schließlich nirgends wichtiger als in Petersburg mit seiner prekären, stets durch Überflutung bedrohten Ostseelage. Bei aller Pracht und Schönheit sollte man nicht vergessen, dass Peterhof **im Zweiten Weltkrieg massiv zerstört** wurde. Was der Besucher heute bestaunen darf, ist in weiten Teilen das Ergebnis eines aufwendigen, langwierigen und liebevollen Wiederaufbaus.

Unterer Park

Herzstück und Hauptsehenswürdigkeit Peterhofs sind nicht der Große Palast (obgleich eindrucksvoll), sondern die technisch hochkomplexen Brunnen, allen voran die **Große Kaskade.** Die auf eine Idee Peters zurückgehende Anlage dominiert die dem Meer zugewandte Palastseite im **Unteren Park.** Sie umfasst zwei Grotten, 64 verschiedene Fontänen und über 200 vergoldete Bronzestatuen und -skulpturen. In einem betörenden Schauspiel sprudelt das Wasser über zwei

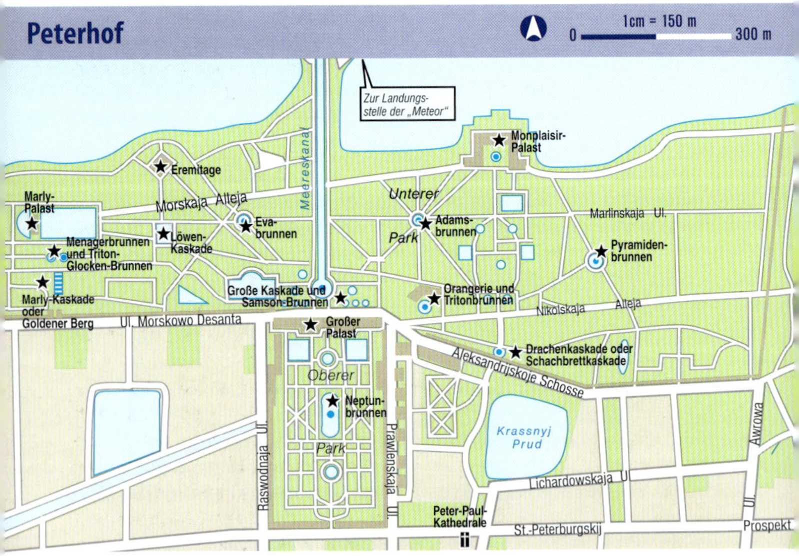

Kaskadentreppen abwärts in ein großes, halbrundes Brunnenbassin, von wo es durch den wie mit einem Lineal gezogenen **Meereskanal** schnurgerade in die Ostsee abfließt. Die im Brunnenbassin platzierte Skulptur „Samson bezwingt den Löwen" versprüht den höchsten Wasserstrahl des Parks. Sie symbolisiert den russischen Sieg über Schweden im Großen Nordischen Krieg – der Löwe ist das schwedische Wappentier.

Der 400 m lange Meereskanal teilt den zu Füßen des Palasts gelegenen Unteren Park in eine westliche und eine östliche Hälfte. Im **westlichen Teil** liegt der **Marly-Palast**, ein barockes Herrenhaus, das Peter als ruhiges Refugium schätzte. Auch die kleine **Eremitage** befindet sich hier, ein nobles Speisehaus. Ihre Attraktion ist der **außergewöhnliche Esstisch**, der mithilfe eines komplexen Mechanismus aus der Küche im Erdgeschoss durch die Decke in den Speisesaal im ersten Stock hinaufgezogen werden konnte. So konnten die Zaren oben mit bestem Ostseeblick speisen, ohne vom Erscheinen ihrer Diener gestört zu werden. Wünschte man Nachschub, klingelte man ein Glöckchen und die leere Tafel fuhr wie von Zauberhand wieder in die Küche hinab, wo sie neu eingedeckt und danach wieder hinaufgezogen wurde. Unabhängig davon konnte jeder Gast der Tafel seinen Teller einzeln in die Küche herab- und wieder hinauffahren lassen!

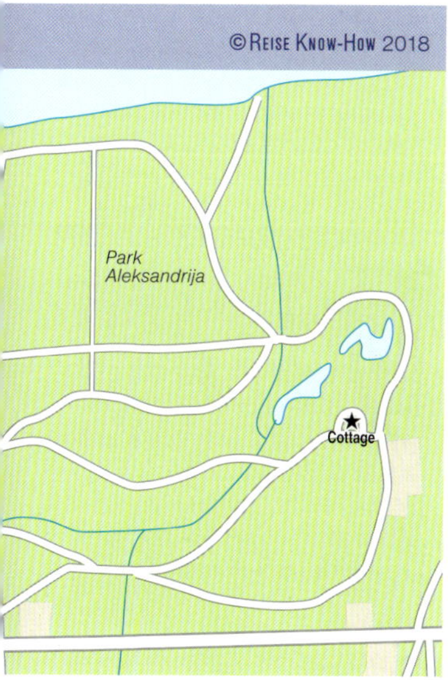

Im **östlichen Teil** liegt der hübsche **Monplaisir-Palast** am Meer, dessen Architektur entfernt an den niederländischen Kolonialstil erinnert und der vermutlich von Peter selbst entworfen wurde. Daneben gibt es zahllose Brunnen und einige Scherzbrunnen zu bestaunen, die sich vor allem bei Kindern höchster Beliebtheit erfreuen. Besonders berühmt ist die unweit des Großen Palasts gelegene **Schachberg- oder Drachenkaskade**, deren Wasser von drei prächtigen Drachen auf schachbrettartig schwarz-weiß gemusterte Steinterrassen gespien wird.

Großer Palast und Oberer Park

Die Arbeiten am **Großen Palast** begannen 1714. Neun Jahre später war der Bau, erhaben auf einem Hügelkamm über dem Meer gelegen, weitgehend fertig. Der Originalpalast war weitaus schlichter als der heutige. Die nachfolgenden Zaren ließen es sich nicht nehmen, den Bau nach ihren architektonischen Vorlieben aus- und umzubauen. Die namhaftesten Baumeister ihrer Zeit – Rastrelli, de la Mothe und Veldten – wirkten bei den barocken und später klassizistischen Umbauten mit. Im Inneren erwarten den Besucher Schwindel er-

regende Prunksäle wie der **Ball-** oder der **Thronsaal.** Aber auch einige ungewöhnlich dekorierte, kleinere Säle sind sehenswert, etwa der **Çeşme-Saal** (vollgehängt mit Ölgemälden, die den russischen Sieg in der Seeschlacht bei Çeşme feiern) oder die **Chinesischen Lobbys.** Aus der Zeit Peters blieb lediglich das eher schlichte **Eichenkabinett** erhalten, Peters Arbeits- und Empfangszimmer.

Auf der dem Meer abgewandten Palastseite erstreckt sich der streng achsensymmetrisch angelegte **Obere Park,** dessen Zentrum der **Neptunbrunnen** bildet. Paul I. kaufte die ursprünglich für den Nürnberger Hauptmarkt entworfenen Barockskulpturen und ließ sie in der Mitte der gewaltigen klassizistischen Brunnenanlage aufstellen.

› Raswodanaja Ul. 2, www.peterhofmuseum.ru, Eintritt: Unterer Park: 750 Rub, Großer Palast: 700 Rub, Oberer Park: frei, für die weiteren Museen/Paläste siehe Website, geöffnet: Unterer Park: tägl. 9–20 Uhr, Springbrunnen: 10/11–18 Uhr, Großer Palast: für Individualtouristen zweimal tägl. einige Stunden, saisonal variieren die Zeiten, siehe Website, geschl.: Mo. und letzter Di. des Monats; Oberer Park: tägl. 9–20 Uhr. In der Herbst-/Wintersaison schließen die Parks eine Stunde früher!

Praktische Infos zum Besuch

Peterhof ist sicher der interessanteste Tagesausflug für Petersburgbesucher. Die Wasserspiele waren 2017 vom 29. April bis zum 15. Oktober in Betrieb. **Achtung:** Die Betriebszeiten der Brunnen variieren im April/Oktober jährlich um einige Tage. Wer in dieser Zeit Peterhof besuchen möchte, sollte sich vorab beim Museum erkundigen, ob die Brunnen schon/noch sprudeln.

› **Anreise:** Am schnellsten und spektakulärsten ist die Anreise mit dem Tragflügelboot „Meteor" (www.peterhof-express.ru). Abfahrt vom Anleger hinter der Eremitage oder vom Anleger hinter dem Ehernen Reiter, Boote fahren in der Saison alle 30 Min. von 10–18 Uhr, einfache Fahrt 800 Rub, Roundtrip 1500 Rub (Roundtrip-Tickets nur im Ticket-Office Admiraltejskaja Nab. 2 erhältlich). Letzte Rückfahrt von Peterhof um 19 Uhr. Der rasante Ritt über den Finnischen Meerbusen dauert 30 Min., die Boote legen direkt am Meereskanal am Unte-

⌃ *Brunnenpracht im Unteren Park*

ren Park an, wo man an den Kassen das Ticket für den Unteren Park kaufen kann. Es gibt eine Reihe alternativer Anreisemöglichkeiten, die das Gelände von der Seite des Oberen Parks erreichen, z. B. mit dem Vorortzug vom Baltischen Bahnhof (Ausstieg in Nowij Petrodworez, dann weiter mit dem Bus oder 20 Min. zu Fuß). Einfacher ist es, von der Metrostation Awtowo die Marschrutka (Nr. K-224, K-300, K-424, K-424-A) zu nehmen.

› **Vor Ort** gilt es, die **Tücken des Ticketsystems** zu bewältigen: Zum Palastkomplex gehören vier Parks und 23 (!) Museen. Grundsätzlich kosten alle Paläste/Museen einen Extraeintritt, Öffnungstage sind aber teils verschieden (s. Website!). Von wesentlicher Bedeutung ist, dass der Zutritt zum Unteren Park nur einmal möglich ist. Wer ihn durch die Drehkreuze wieder verlässt, muss sich danach ein neues Ticket kaufen. Dies ist insofern von Belang, da zur Besichtigung des Oberen Parks der Untere Park verlassen werden muss. Um doppelte Ticketkosten für den Unteren Park zu vermeiden, empfiehlt sich für diejenigen, die den Oberen Park besuchen wollen – was nicht zwingend erforderlich ist, da er weitaus weniger spektakulär als der Untere Park ist –, eine kombinierte Anreise (Boot/Bus). Es bietet sich an, zu picknicken, es gibt aber im Unteren Park auch reichlich Imbissstände und Cafés.

› **Achtung:** In der Saison wird es am Wochenende und an Feiertagen sehr voll. Antizyklisch planen ist sinnvoll. Mückenschutz mitnehmen!

49 Zarskoje Selo/Puschkin (Царское село/Пушкин) ★★★

Das 25 km südlich von Petersburg gelegene „Zarendorf", so die Übersetzung, bietet mit dem Katharinen- und Alexanderpalast ein architektonisches Ensemble, das in seinem exzessiven Prunk wohl weltweit unübertroffen ist. Seit 2003 kann im Katharinenpalast die Rekonstruktion des im Zweiten Weltkrieg verschollenen, legendären Bernsteinzimmers bestaunt werden.

Katharinenpalast

Der Katharinenpalast ist das gewaltigste Bauwerk im seit 1918 offiziell Puschkin heißenden Ort – die über 300 m messende barocke Fassadenfront, aufwendig ausgeschmückt mit korinthischen Säulen, Atlanten und goldenen Stuckelementen, **übertrifft in Länge und Prunk selbst den Petersburger Winterpalast.** Rastrelli schuf das epische Bauwerk für Elisabeth I., die damit eine ältere Residenz ihrer Mutter Katharina I. ersetzte, deren Name aber weiterhin als Bezeichnung für den Palast in Gebrauch blieb.

Erbaut wurde der Palast zwischen 1752 und 1756. Katharina II., wie Elisabeth dem Luxus sehr zugetan, liebte die Residenz kaum weniger als ihre Vorgängerin, ließ aber das Interieur teils im von ihr bevorzugten klassizistischen Stil umgestalten. Ausgenommen davon blieb freilich die **Goldene Enfilade** – die von Rastrelli geschaffene Raumflucht, zu deren Highlights der gewaltige **Große Saal** und natürlich das rekonstruierte **Bernsteinzimmer** zählen. Das von Andreas Schlüter ursprünglich für Preußenkönig Friedrich I. entworfene „achte Weltwunder" gelangte im Austausch für Soldaten mit Gardemaß an die Newa. Peter der Große hatte diesen Deal eingefädelt. Rastrelli installierte die honigfarbene Wandverkleidung auf Wunsch Elisabeths im Katharinenpalast. Dort blieb sie, bis

KURZ & KNAPP

Zarskoje Selo besuchen

Am besten fährt man von der Metrostation Moskowskaja mit der Marschrutka (35 Rub, Fahrtdauer 30 Min.). Marschrutki der Nummer K 545 fahren alle paar Minuten. Sie halten gleich vor dem Palast. Alternativ gibt es den Regionalzug, die Elektritschka. Vom Witebsker Bahnhof fahren ab etwa 6 Uhr morgens ca. dreimal stündlich Züge (s. Museumswebsite). Die Fahrtzeit beträgt ca. 30 Min. Vom Bahnhof in Zarskoje Selo nimmt man Bus 371 oder 382 zum Katharinenpark. Der Fußweg zum Park dauert etwa 20 Min.

Achtung: Zwischen Juni und August ist der Katharinenpalast oft überlaufen! In dieser Zeit ist der Zugang für Individualtouristen je nach Besucheraufkommen teils reglementiert (s. Website).

die Deutschen sie 1941 demontierten und nach Königsberg schafften, wo sie in den Kriegswirren 1945 verschwand. 1997 tauchten in Deutschland sensationell eine Kommode und ein Mosaik wieder auf, vermutlich private Beutestücke. Diese beiden Originalteile wurden an Russland zurückgegeben und in den pünktlich zur Petersburger 300-Jahr-Feier wiedereröffneten Saal eingebaut.

Im Anbau am nordöstlichen Palastende wurde 1810 ein **Elite-Lyzeum für adelige Jungen** untergebracht. Puschkin besuchte die Schule von 1811 bis 1817 und unternahm hier seine ersten dichterischen Versuche. Heute ist hier ein kleines Museum eingerichtet, das an die Schulzeit des Nationaldichters erinnert. Der Palast ist vom weitläufigen **Katharinenpark** umgeben. In diesem Meisterwerk der Landschaftsgärtnerei fanden Elemente französischer, englischer und italienischer Gartenarchitektur Eingang.

Alexanderpalast

Unmittelbar nördlich des Katharinenpalasts liegt dessen klassizistischer Gegenentwurf. Der 1796 fertiggestellte **Alexanderpalast**, eine exquisite Arbeit Quarenghis, gilt als eines der harmonischsten und gelungensten klassizistischen Bauwerke Russlands. Katharina II. ließ den Palast als Hochzeitsgeschenk für ihren Lieblingsenkel, den späteren Zaren Alexander I., erbauen. Der letzte russische Zar, Nikolaus II., bewohnte den Palast mit seiner Familie in den letzten 13 Jahren seiner Herrschaft. Nach seiner Abdankung 1917 befand sich Nikolaus hier vorübergehend unter Hausarrest, bevor die Zarenfamilie nach Tobolsk und später Jekaterinburg verbannt wurde. Nach ihrer Ermordung richteten die Bolschewiki im Palast vorübergehend ein Museum ein, das der einfachen Bevölkerung den verschwenderischen Lebensstil der Romanows präsentieren sollte. **Gegenwärtig (Stand: Ende 2017) ist der Alexanderpalast allerdings wegen Renovierungsarbeiten geschlossen.** Der ihn umgebende prächtige Landschaftspark kann aber dennoch besichtigt werden. Als Besonderheit findet sich hier ein malerisches **Chinesisches Dorf,** bestehend aus zehn kleinen Häuschen im chinesischen Stil.

› Sadowaja Ul. 7, Puschkin, http://eng.tzar.ru, Eintritt Katharinenpalast: 1000 Rub, -park: 120 Rub, Ende Oktober–Ende April und ab 19 Uhr frei, Palast: Nov.–April Mi.–So. 10–16.45, Mai/Sept. 12–17.45, Juni–Aug. 12–18.45, Okt. 12–16.45 Uhr, geschl. Di. und Oktober–April letzter Mo. des Monats, Park: tägl. 7–21 Uhr (im Sommer länger). Achtung: Das Eintrittsticket für den Park muss beim Kauf eines Tickets für den Palast vorgezeigt werden. Alexanderpark: tägl. 7–23 Uhr, Eintritt frei.

ST. PETERSBURG ERLEBEN

002sp Abb.: sas

St. Petersburg für Kunst- und Museumsfreunde

Wesentlich für die Identität der Stadt ist, dass sich die Petersburger heute wieder als Bewohner der **kulturellen Hauptstadt** des Landes empfinden. Kein Wunder, bei diesem Erbe! Petersburg ist Standort des ersten russischen Museums, Geburtsort des russischen Balletts und der klassischen russischen Musik, die Stadt der Eremitage ❷, Dostojewskijs, Achmatowas und Mandelstams, Wiege der russischen Rockmusik ... Als wäre das nicht schon genug, existiert auch eine spannende zeitgenössische Kunstszene, die den Vergleich mit der Hauptstadt nicht wirklich zu scheuen braucht. Für kultur- und geschichtsinteressierte Besucher ist Petersburg also ein *El Dorado*. Das einzige Problem dürfte ein logistisches sein: Wie schafft man es, all die höchst sehenswerten Museen und Venues in der doch meist begrenzten Reisezeit zu besuchen?

Museen

Eine Liste aller Petersburger Museen findet sich hier: www.saint-petersburg.com/museums.

Adelspaläste

M2 [B1] **Elagin-Palais,** Elagin-Insel 4, Metro Krestowskij Ostrow, http://elaginpark.org, **derzeit wegen Renovierung geschlossen.** Der kleine Palast auf der Elagin-Insel, ein Frühwerk Carlo Rossis, ist eine architektonische Perle. Er war einst Sommerresidenz Maria Fjodorownas, der kunstbegeisterten Gattin des unglücklichen Zaren Paul I. Im Palast werden Gemälde, in der benachbarten Orangerie Glaskunst ausgestellt.

◁ *Vorseite: Petersburg, Stadt der Spiegelungen ...*

㊵ [D7] **Jusupow-Palais.** Der spektakulärste Adelspalast Petersburgs. In seinem Keller ermordeten Fürst Jusupow und Gleichgesinnte Rasputin, eine Ausstellung erinnert an den Mord (s. S. 49).

㊳ [D6] **Menschikow-Palais.** Der erste steinerne Luxuspalast Petersburgs gehörte Peters Weggefährten, Fürst Menschikow. Wie der Zar liebte Menschikow alles Holländische: Viele Säle sind mit handbemalten Delfter Kacheln dekoriert (s. S. 48).

M3 [G6] **Scheremetjew-Palais,** Nab. Reki Fontanki 34, Metro: Gostinyj Dwor, www.theatremuseum.ru, Palasträume im ersten Stockwerk: Do.–Mo. 11–19, Mi. 13–21 Uhr, geschl.: Di. und letzter Fr. des Monats, Eintritt: 300 Rub, Musikinstrumentenmuseum: Do.–So. 11–19, Mi. 13–21 Uhr, geschl. Mo./Di., Eintritt: 250 Rub. Die Scheremetjews waren eine der reichsten Familien Russlands. Ihr Palast ist eines der ältesten Gebäude der Stadt (Baujahr 1712). Der Hauptteil des feudalen Anwesens an der Fontanka beherbergt das Musikmuseum, eine 3000 Exponate zählende Sammlung verschiedener Instrumente aus aller Welt. Im Weißen Saal finden regelmäßig Konzerte statt.

⑩ [F5] **Sommerpalast.** In dem bescheidenen Palast im Sommergarten verlebten Peter I. und seine Frau Katharina die warme Jahreszeit (s. S. 25).

⑳ [E6] **Stroganow-Palais.** Der prächtige Barockpalast auf dem Newskij Prospekt war der repräsentative Wohnsitz der einflussreichen Stroganow-Familie (s. S. 35).

Ethnografische Museen

37 [D5] **Kunstkammer.** Das älteste Museum Russlands beherbergt die berühmte, namensgebende Sammlung Peters I. (allerlei natürliche Abnormitäten und Kuriosa) und eine Völkerkundesammlung (s. S. 47).

M4 [F6] **Russisches Ethnografisches Museum,** Ul. Inschenernaja 4, Metro: Gostinyj Dwor, www.ethnomuseum.ru, Mi.–So. 10–18, Di. 10–21 Uhr, geschl.: Mo. und letzter Fr. des Monats, Eintritt: 300 Rub. Das gigantische Völkerkundemuseum zeigt auf eindrucksvolle Weise die kulturelle und ethnische Vielfalt des russischen Riesenreichs und Vielvölkerstaats. Exponate von 157 (!) verschiedenen Volksgruppen (Schmuck, Kleidung, Kultobjekte, Möbel usw.). Die gezeigten Stücke stammen aus dem 18. bis 20. Jh.

Kirchenmuseen

15 [F5] **Bluterlöserkirche.** Petersburgs „russischste“ Kirche ist innen wie außen mit wunderbaren Mosaiken geschmückt und heute „Museum für Mosaikkunst“ (s. S. 29).

5 [E6] **Isaakskathedrale.** Die Bolschewiki funktionierten die größte Petersburger Kathedrale zu einem Atheismus-Museum um. Heute finden hier an Feiertagen wieder Gottesdienste statt. Im atemberaubenden Kircheninneren wird auch die Geschichte des Sakralbaus dokumentiert (s. S. 20).

M5 [D6] **Museum für Religionsgeschichte,** Potschtamtskaja Ul. 14, Metro: Admiraltejskaja, www.gmir.ru, Di., Do.–So. 10–18, Mo. 13–21 Uhr, geschl.: Mi., Eintritt: 300 Rub. Die Sammlung sakraler Gegenstände befand sich bis 1999 in der Kasaner Kathedrale. Dort hatten die Bolschewiki ein „Museum der Religionsgeschichte und des Atheismus“ eingerichtet, in dem sie zahlreiche der nach der Oktoberrevolution im ganzen Reich beschlagnahmten Kultobjekte ausstellten. Sie bilden bis heute den Grundstock der Sammlung.

45 [I4] **Smolnyj-Kloster.** Die Smolnyj-Kathedrale, Rastrellis Meisterwerk, ist heute ein Konzertsaal, kann aber auch außerhalb von Konzerten besichtigt werden. Gruppen können zudem den Turm besteigen (s. S. 54).

Kunstmuseen

M6 [A7] **Erarta,** 29. Linie Nr. 2, Metro: Wasileostrowskaja, dann Bus Nr. 1/Nr. 6 oder Marschrutki K 30, K 44 oder K 62, www.erarta.com, 10–22 Uhr, geschl.: Di., Eintritt: 500 Rub, „U-Spaces“: 200 Rub (pro „U-Space“, wer zwei „U-Space“-Tickets kauft, hat freien Eintritt zu einem weiteren), „Theatre with no Actors“: 250 Rub (öffentliche Screenings von 13 bis 20.30 Uhr). Das größte und spannendste Projekt zeitgenössischer russischer Kunst: Seit 2010 werden in dem riesigen, komplett renovierten, sowjetklassizistischen Bau die Arbeiten von über 170 Künstlern aus allen Ecken Russlands gezeigt. Als Kriterium für „zeitgenössisch“ gilt das Geburtsdatum nach 1945: Sowjetische Untergrundkunst und die Werke der nach 1991 Geborenen stehen generationenübergreifend nebeneinander. Zu sehen sind Installationen, Graphiken, Skulpturen, Gemälde und Videokunst. Eine sehr persönliche Erfahrung sind die sog. „U-Spaces“: Dies sind derzeit acht über die Museumsebenen verteilte Räume mit „totalen Installationen“ zu bestimmten Themen, z. B. „Kindheit“ oder „Kirschgarten“. Das private, nichtkommerzielle Museum – alle Erlöse gehen in Kunstprojekte – initiiert auch allerlei innovative Kunst-Aktionen und beherbergt eine **große Galerie** (www.erartagalleries.com). Es gibt auch ein entspanntes Café/Restaurant (tägl. 12–22, Fr./Sa. bis 23 Uhr).

2 [E5] **Eremitage.** Petersburgs berühmtestes Museum residiert in den Sälen

015sp Abb.: blj

des Winterpalasts, die moderne Kunst seit Dezember 2014 im grandios renovierten Ostflügel des Generalstabs. Kunstwerke von Weltrang erwarten den Besucher ebenso wie ein schwindelerregender Gang durch das Labyrinth der zahlreichen Prunksäle und Gemächer (s. S. 15).

18 [G6] **Fabergé-Museum.** Juwel des Museums sind die neun für die Zarenfamilie gefertigten Fabergé-Eier. Zu sehen sind auch unzählige weitere Preziosen aus Fabergés legendärer Juwelier-Werkstatt und Kunstwerke weniger bekannter russischer Goldschmiede (s. S. 33).

Petersburgs berühmtestes Museum: die Eremitage **2**

8 [F5] **Marmorpalais.** Der klassizistische Palast beherbergt eine herausragende Sammlung moderner Kunst (Picasso, Warhol, Koons u. v. m), gestiftet vom deutschen Sammlerehepaar Ludwig (s. S. 23).

12 [F5] **Michaelsschloss.** Im „Hochsicherheitsschloss" Zar Pauls I. befindet sich eine Skulpturen- und Porträtausstellung (s. S. 26).

16 [F6] **Russisches Museum.** Neben der Tretjakow-Galerie die umfassendste Sammlung russischer Kunst. Von frühen religiösen Ikonen bis zu den Ikonen der Moderne – Malewitschs suprematistischen Abstraktionen – sind zahllose Meisterwerke der russischen Malerei zu sehen (s. S. 30).

Literaturmuseen

M7 [G6] **Anna-Achmatowa-Museum,** Litejnyj Pr. 53, Metro: Majakowskaja, www.akhmatova.spb.ru, 10.30–18.30, Mi. 12–20 Uhr, geschl.: Mo., Eintritt: 120 Rub. Einen Großteil ihres Lebens bewohnte die Lyrikerin einen Seitenflügel des Scheremetjew-Palais, den sie liebevoll „Fontänenhaus" nannte. In ihrer letzten Wohnung dort ist heute dieses Museum untergebracht. Zu sehen sind Achmatowas Möbel, Briefe, Bücher, Fotografien und Manuskripte. Auch ihrem Dichterkollegen und Freund, dem späteren Literaturnobelpreisträger Joseph Brodsky, ist eine Ausstellung gewidmet. Das Museum gibt einen berührenden Einblick in Achmatowas Leben, das vom bolschewistischen Terror und dem Zweiten Weltkrieg so tragisch überschattet wurde. Der Eingang erfolgt durch den Torbogen am Litejnyj Pr. auf der Rückseite des Palasts. Im Innenhof ist eine große Parkanlage, hier geht es links zum Kassenhäuschen.

27 [G7] **Dostojewskij-Museum.** Die Einrichtung der letzten Petersburger Wohnung Dostojewskijs wurde originalgetreu rekonstruiert, eine literarische Ausstellung dokumentiert zudem sein schriftstellerisches Schaffen, das so untrennbar mit Petersburg verbunden ist (s. S. 39).

7 [E5] **Puschkin-Museum.** In seiner eleganten Wohnung starb der Nationaldichter an den Folgen eines Duells. Die Einrichtung mit zeitgenössischen Möbeln und persönlichen Gegenständen erweckt den Eindruck, als sei der Meister gerade nur auf einen Sprung ins Café „Wolf und Béranger". (In seinem Stammlokal auf dem Newskij Pr. 18 – dem heutigen Literaturnoe Kafe – speiste Puschkin auch vor seinem verhängnisvollen Duell) (s. S. 23).

M8 [D6] **Wladimir-Nabokow-Museum,** Bol. Morskaja 47, Metro: Admiraltejskaja, http://nabokov.museums.spbu.ru, Di.–Fr. 11–18, Sa. 12–17 Uhr., geschl.: So./Mo., Eintritt: frei. Der weltberühmte Autor von „Lolita" wurde hier 1899 geboren und lebte in dem Haus, bis die Familie 1918 vor den Bolschewiki fliehen musste. In seiner Autobiographie „Erinnerung, sprich" erinnert sich Nabokow an seine Petersburger Jugend und das innig geliebte Elternhaus. Neben den Wohnräumen sind Teile seiner berühmten Schmetterlingssammlung, sein Schmetterlingsnetz und ein Exemplar der „Natural History of British Butterflies" zu sehen, in dem der kleine Nabokow die abgedruckten Schmetterlingsabbildungen ausmalte.

(Militär-)Historische Museen

M9 [G5] **Blockade-Museum,** Soljanoj Per. 9, Metro: Tschernyschewskaja, www.blokadmus.ru, Do.–Mo. 10–18, Mi. 12.30–20.30 Uhr, geschl.: Di. und letzter Do. des Monats, Eintritt: 250 Rub. Das Museum öffnete 1946 und wurde in der Folge von nahezu jedem überlebenden Leningrader besucht. 1949 ließ Stalin es im Zuge der „Leningrader Affäre" schließen, die Exponate teils zerstören, den Museumsdirektor erschießen. Erst 1989 wurde es neu eröffnet. Die sehr berührende Ausstellung greift das „Innen" und „Außen" der Belagerungssituation auf. Die Exponate in der Saalmitte zeigen das Leben in der Stadt – die medizinische Versorgung, das kulturelle Leben, die Ernährungslage. Sie sind umschlossen von Exponaten, die den militärischen Verlauf der Blockade dokumentieren: Kriegsgerät, Erläuterungen militärischer Operationen.

› **Museum der politischen Geschichte Russlands.** Das Museum in der wundervollen Jugendstilvilla Kschesinskaja 33 widmet sich der dramatischen politischen Geschichte des Landes. 1917 beschlagnahmten die Bolschewiki die Villa, Lenin hielt hier von einem Balkon seine erste öffentliche Rede nach seiner Rückkehr aus dem Exil (s. S. 44).

M10 [E6] **Museum der Politischen Polizei,** Gorochowaja Ul. 2, Eingang über Admiraltejskij Pr. 6, Metro: Admiraltejskaja, www.polithistory.ru, 10–18 Uhr, geschl.: Sa./So., Eintritt: 100 Rub. Das Museum thematisiert die Geschichte der russischen Geheimpolizei von der Zeit ihres Erfinders Nikolaus I. bis zur Sowjetzeit. Seine Räumlichkeiten wurden einst von der zaristischen *Ochrana* genutzt, dann von der *Tscheka* übernommen, die hier bis zum Umzug nach Moskau ihre erste Zentrale hatte. So kommt es, dass in Dserschinskijs Arbeitszimmer zuvor auch Lenin verhört wurde. Es gibt einen englischsprachigen Begleitordner, der die Exponate, hauptsächlich Porträts von Geheimdienstlern und Polizeispitzeln, erklärt.

› **Panzerkreuzer Aurora** (s. S. 45). Das Schlachtschiff ist ein sowjetischer Schrein. Das Deck kann begangen werden, ebenso die Innenräume.

31 [E4] **Peter-Paul-Festung.** Die Festung ist der Geburtsort der Stadt. Auf dem

Gelände liegen u. a. die Begräbniskathedrale der Romanows und ein Gefängnis, in dem alle, wirklich alle bekannten Namen der antizaristischen Opposition einsaßen (s. S. 41).

34 [F4] **Wohnhaus Peters I.** In der Blockhütte wohnte Peter I. in der Gründungsphase der Stadt. Zu sehen sind Teile der Originaleinrichtung und einige persönliche Gegenstände des großen Zaren (s. S. 44).

Natur, Technik, Sonstiges

28 [G7] **Arktis- und Antarktismuseum.** Charmantes Museum aus Sowjetzeiten, das mit Dioramen und prächtigen Wandgemälden die Erforschung der Polargebiete veranschaulicht (s. S. 39).

M11 [E7] **Eisenbahnmuseum,** Sadowaja Ul. 50, Metro: Sennaja Pl., http://cmzt.narod.ru, tägl. 10.30–17.30 Uhr, geschl.: letzter Do. des Monats, Eintritt: 300 Rub. Dokumentiert wird die Geschichte der russischen Eisenbahn, zu sehen sind u. a. viele liebevolle Modelle alter Lokomotiven, Waggons, Brücken und Bahnhöfe. **Achtung:** Wer echte, lebensgroße Loks und Züge bestaunen möchte, dem sei das Oktjabrskaja Eisenbahnmuseum nahegelegt:

M12 [D9] **Oktjabrskaja Eisenbahnmuseum,** Bibliotetschnyj Per. 4/2, Metro: Baltijskaja, www.railway-museum.ru, geöffnet Mi.–So. 10.30–18 Uhr, geschl. Mo./Di., Eintritt: derzeit frei.

M13 **Grandmaket,** Zwetotschnaja Ul. 16, Metro: Moskowskie Worota, https://grandmaket.ru, tägl. 10–20 Uhr, Eintritt: 480 Rub, Kinder 280 Rub. Das wird vor allem Kinder begeistern: Auf 800 m² Fläche ist Russland in Miniatur nachgebildet – von Kaliningrad bis Kamtschatka. Berge, Flüsse, Städte, Eisenbahnlinien: Die Detailfreude der Konstrukteure kennt keine Grenzen. Mittels interaktiver Knöpfe kann die Miniaturwelt auch zum Leben erweckt werden.

M14 [D5] **Zoologisches Museum,** Uniwersitetskaja Nab. 1, Metro: Amiraltejskaja, Sportiwnaja, www.zin.ru, Mi.–Mo. 11–18 Uhr, geschl.: Di., Eintritt: 250 Rub. Richtig toll für Kinder: Ausgestopfte Tiere sind hier zu bestaunen in einer Artenvielfalt und Menge, wie sie kein Zoo je bieten könnte. Auch die Präsentation ist keinesfalls verstaubt. Besonders stolz ist das Museum auf seine dem sibirischen Permafrost entrissenen Mammuts, darunter das weltberühmte, 35.000 Jahre alte Mammutbaby „Dima". Weltweit ist kein anderer Mammutfund auch nur im Ansatz ähnlich gut konserviert wie der nur 90 cm große Dima – sogar sein Fell blieb teils erhalten.

Kunstzentren, Galerien

G15 [G6] **Galerie Borej,** Litejnyj Pr. 58, Metro: Majakowskaja, www.borey.ru, Di.–Sa. 12–20 Uhr, geschl. So./Mo. Das 1991 gegründete Borej, labyrinthartig im Keller gelegen, war eine der ersten Untergrundgalerien der Stadt. Heute ist es eine Institution, aber noch immer angenehm unprätentiös und kritisch. Viele Erstausstellungen junger Künstler. Neben dem Kunstladen gleich im ersten Raum gibt es auch einen Buchladen und einen sehr guten DVD-Verkauf.

G16 [G7] **Loft Project Etagi,** Ligowskij Pr. 74, Metro: Pl. Wosstanija, www.loftprojectetagi.ru, geöffnet: Gebäude tägl. rund um die Uhr, Läden/Galerien meist bis 21 Uhr. Die einstige Brotfabrik gehört heute ganz der Kunst und dem alternativ-urbanen Lebensgefühl: Auf die fünf Etagen des postindustriellen Raumes verteilen sich u. a. zwei Galerien, Ausstellungsräume, das Café Green Room (s. S. 74) mit seiner einmaligen Dachterrasse und ein Design-Hostel (https://de-de.facebook.com/Loft-Project-Etagi-HOSTEL-132973165867). Es gibt auch einen Ausstieg aufs Dach

(150 Rub). Eingang über die Plastiktür gleich links neben dem meist verschlossenen schwarzen Haupttor, dann quer über den Hof.

17 [F5] **KGallery,** Nab. Reki Fontanki 24, Metro: Gostinyj Dwor, www.kgallery.ru, tägl. 11–20, Sa. 12–18 Uhr, geschl.: So. Eine der renommiertesten kommerziellen Galerien der Stadt. Verkauft werden Werke namhafter russischer Künstler, regelmäßig Ausstellungen.

29 [H7] **Künstlerhaus Puschkinskaja 10.** Das seit einem guten Vierteljahrhundert besetzte Haus beherbergt eine Vielzahl von Studios und kleinen Galerien. Auch das Museum der nonkonformistischen Kunst ist hier lokalisiert, eine zentrale Plattform der zeitgenössischen Petersburger Kunstszene (s. S. 40).

18 [E6] **Rosfoto,** Bol. Morskaja Ul. 35, Metro: Admiraltejskaja, http://rosphoto.org, 11–19, Di./Do. 12–21 Uhr. Die größte Fotogalerie der Stadt zeigt in drei übers Haus und Hinterhaus verteilten Ausstellungsräumen teils hoch spannende Fotoausstellungen (Eintritt ca. 100 Rub). In den Haupträumlichkeiten (Vorderhaus, 1. Stock) gibt es zudem ein schnuckeliges kleines Café (mit WLAN) und einen auf Fotografie spezialisierten Buchladen.

Kunst unter freiem Himmel

Das in Stein geronnene Genie großer Baumeister, die **Fülle an Details,** die es an den Fassaden selbst eher unbedeutender Straßenzüge zu entdecken gilt, die außergewöhnlichen **Denkmäler** auf den Plätzen, darunter der Eherne Reiter 4, Klodts Pferdebändiger auf der Anitschkow-Brücke 19 oder Mikeschins Katharinenstatue [F6] und nicht zuletzt die **Brücken** – die Troitskij-Brücke [F4] mit ihrem herrlichen Jugendstilgeländer, Traitteurs Bankbrücke 22, die Lomonosow-Brücke [F7] – machen einen Spaziergang durch die Stadt gleichsam zu einem Museumsrundgang unter freiem Himmel. Ein herausragendes Kunstwerk, das derzeit noch an der frischen Luft bestaunt werden kann, wird aber vermutlich bald in ein „richtiges" Museum wandern: Die jahrtausendealten **ägyptischen Sphinxe** 39 am Universitätskai vor der Akademie der Künste sollen so dauerhaft vor dem unwirtlichen Winter an der Newa geschützt werden. Ihre verstörenden Pendants – die von Michail Schemjakin als Denkmal für die Opfer stalinistischer Repression aufgestellten Sphinxe, deren Gesichter zur Hälfte Totenkopf sind – werden aber weiterhin mahnend an der Newa wachen, gleich gegenüber dem auf der anderen Flussseite gelegenen Kresty-Gefängnis (Woskresenskaja Nab., Höhe Haus Nr. 12).

016sp Abb.: sas

Souvenirmalers Lieblingsmotiv: die Bluterlöserkirche 15

St. Petersburg für Genießer

Essen und Trinken

„Beim Abendessen wurden wieder gewaltige Quantitäten verzehrt. Als Tschitschikow sich ins Bett legte, befühlte er seinen Bauch und sagte: *Prall wie eine Trommel! Da geht kein Polizeimeister mehr hinein.* [...] Der Hausherr bestellte [derweil] bei dem Koche für den nächsten Tag unter dem Namen eines frühen Dejeuners ein reguläres Mittagessen [...]. Am anderen Tag aßen die Gäste so stark, dass Platonow nicht mehr reiten konnte.“

(N. Gogol, „Die Toten Seelen“)

010sp Abb.: blj

Der Besuch der zwielichtigen Romanfigur Tschitschikow beim fresssüchtigen Gutsbesitzer Pjetuch gibt, bei aller satirischen Überspitzung, doch einen Einblick in die dekadente Üppigkeit russischer Küche zur Zarenzeit. Die auf exklusive Gaumenfreuden bedachte **adelige Haute Cuisine** stand dabei stets im krassen Gegensatz zur einfachen **Küche der armen russischen Bauern.** So existierten bis zur Sowjetzeit gewissermaßen zwei russische Küchen: die an westlichen Vorbildern orientierte Feinschmeckerküche der Oberschicht, zu der solche kulinarischen Errungenschaften wie das weltbekannte *Bœuf Stroganow* zählten, und die schlichte, bäuerliche Hausmannskost. Dieser Gegensatz wurde erst in der Sowjetzeit aufgehoben, die von einem allgemeinen Niedergang der reichen kulinarischen Tradition gekennzeichnet war.

Der eigentliche Charakter der russischen Küche kommt freilich in der alten bäuerlichen Küche am besten zum Ausdruck. Auf den Tisch kamen füllende Gerichte, vor allem Suppen und Getreidegrützen, gekocht aus selbst angebauten, saisonal verfügbaren Produkten nach über Generationen tradierten Rezepten. Interessanterweise spielten auch in der adeligen Küche typische regionale Produkte – Stör, Kaviar, Rote Beete, Pilze usw. – stets eine zentrale Rolle.

In der **Petersburger Restaurantszene** ist heute eine spannende Renaissance der russischen Feinschmecker-Küche zu beobachten. Gewissen-

◁ *Fest für die Sinne: im Jelissejew-Feinkostladen* 17

hafte Küchenchefs bringen frische Interpretationen alter Rezepte auf den Tisch. Außerdem bieten zahlreiche moderne Selbstbedienungsrestaurants (die freundliche Neuauflage der zur Massenabspeisung gedachten sowjetischen Kantine, der *stolowaja*) russische Standards zu günstigen – „demokratischen", wie die Russen sagen – Preisen.

Großartig sind die **Länderküchen der einstigen sowjetischen Teilrepubliken** mit stark mediterranem oder orientalischem Einfluss: Zumindest ein georgisches Restaurant (s. S. 74) sollte jeder Petersburgreisende unbedingt besucht haben.

Klassiker der russischen Küche

Sakuski (Vorspeisen)

In der Vielfalt der kalten Vorspeisen zeigt sich der aristokratische Zug der russischen Küche: Klassiker sind aufwendig gefüllte, hartgekochte **Eier**, marinierte **Pilze** und mariniertes **Gemüse**, kleine **Pasteten** und eingelegter **Hering.** Gerade bei privaten Einladungen und Festmahlen laufen die Gastgeber hier zur Hochform auf.

Suppen

Die russische Küche kennt zahlreiche Suppen. Jede hat ihren Eigennamen – kein Russe würde „Kohlsuppe" sagen, sondern immer *schtschi* – und die Rezepte gibt es seit vielen Jahrhunderten.

- **Borschtsch:** Die bekannteste „russische" Suppe stammt eigentlich aus der Ukraine. Die dunkelrote Fleischbrühe auf der Basis von Roter Beete enthält Kohl, Zwiebeln, Kartoffeln und Karotten. Anders als in Polen wird die Brühe in der Ukraine und Russland nicht gefiltert. Obligatorisch ist der Schlag saure Sahne *(smetana).*
- **Schtschi:** Die „Mutter" aller russischen Suppen. Es gibt zwei Varianten: eine mit Kohl, die andere mit Sauerkraut. Oft wird Fleisch hinzugefügt. Auch *schtschi* wird mit *smetana* gebunden.
- **Soljanka:** Als Klassiker auf Speisekarten in der ehemaligen DDR auch hierzulande ein Begriff. Charakteristisch ist der leicht säuerliche Geschmack auf der Basis von Gurkenlake. Es gibt sie als Fleisch-, Fisch-, Gemüse- und Pilzsoljanka in zahllosen Variationen.

Teigwaren

- **Bliny:** Das russische Pendant zum Pfannkuchen wird traditionell mit Hefe und Buchweizenmehl zubereitet, was ihm einen ganz eigenen Geschmack verleiht, der sich deutlich vom „normalen" Pfannkuchen unterscheidet. *Bliny* werden süß oder salzig gefüllt. Als Symbol für die Sonne spielen sie in der Butterwoche (s. S. 88) eine herausragende Rolle.
- **Pirogi/Piroschki:** Trotz des ähnlich klingenden Namens haben Pirogi nichts mit den polnischen *pierogi* (oder ihrer ukrainischen Entsprechung, den *wareniki*) zu tun: Die süß oder salzig gefüllten Taschen sind nämlich mit Blätter- oder Hefeteig ummantelt und werden stets gebacken.
- **Pelmeni:** Asiatischen Ursprungs sind diese kleinen, den italienischen Ravioli recht ähnlichen Teigtaschen, die mit gewürztem Hackfleisch gefüllt, kurz in siedendem Wasser gekocht und klassischerweise nur mit etwas zerlassener Butter und *smetana* serviert werden. Sie gelten als *das* russische Nationalgericht.
- **Kulitsch:** Den traditionellen Osterkuchen aus glasiertem Hefeteig wird man nicht im Café finden, wohl aber vor den orthodoxen Kirchen zur Osternacht. Jede Familie trägt ihren selbst gebackenen *kulitsch* im Korb zur Kirche, um ihn vom Popen segnen zu lassen.

Kascha

Als Symbol des bäuerlichen Wohlergehens hat die *kascha* eine herausragende Bedeutung in der russischen Küche. Das Wort bezeichnet wahlweise eine Grütze oder einen Brei aus Hirse, Gerste oder Buchweizen. Auch mit Milch gekochte Haferflocken werden landauf, landab als *kascha* bezeichnet – sie sind der russische **Frühstücksklassiker** schlechthin und Mastfutter für jedes russische Kind.

Salate

Russische Salate sind keine Blattsalate mit leichtem Dressing, sondern eine ebenso schmackhafte wie schwere, mayonnaisehaltige Speise. Wegen ihres Nährwerts könnten sie als Hauptmahlzeit durchgehen, werden aber meist als *sakuska* (Vorspeise) gereicht. Absolute Klassiker sind:

- **Olivier:** Der populärste russische Salat wird aus Kartoffeln, eingelegten Gurken, Erbsen, Eiern, Karotten und Wurststückchen zubereitet – und jeder Menge Mayo.
- **Schuba:** Der umwerfende „Hering im Pelz" besteht aus geriebener Rote Beete, Karotten, Kartoffeln, Eiern und eingelegtem Hering – und ebenfalls reichlich Mayo.

Georgische Spezialitäten

Wahre Geschmacksexplosionen vermögen georgische Gerichte zu erzeugen. Typische Zutaten sind Auberginen, Walnüsse, Granatapfelkerne, Mirabellen- und Pflaumensauce und Gewürze wie Koriander, Estragon oder Safran. Auf jeder georgischen Speisekarte finden sich:

- **Chatschapurri:** Die georgische Leibspeise ist eine Art überbackener Käsefladen aus Hefe- oder seltener aus Blätterteig, der – je nach Region – unterschiedlich zubereitet wird. Als kleiner Snack oder Appetizer unverzichtbar bei jedem Essen.
- **Badridschani:** angebratene, mit Walnusspaste gefüllte Auberginen, typische Vorspeise
- **Chakapuli:** ein berühmter Eintopf aus Lammfleisch, Zwiebeln und Pflaumensauce
- **Dolma:** gefüllte Weinblätter

Lokale Spezialitäten

Die einzige regionale Besonderheit der Petersburger Küche sind **Stinte** *(korjuschka)*. Die silbernen Fischlein steigen alljährlich zum Laichen aus der Ostsee in die Newa auf. Während der Saison (Ende April bis Ende Mai) sind sie überall auf den Plätzen der Stadt frisch zu kaufen und erfüllen die Luft mit ihrem leicht gurkenähnlichen Geruch. Da sie schlecht haltbar sind, findet man sie außerhalb der Saison aber eher selten auf den Speisekarten. Wer die Möglichkeit hat, sollte sie frisch kaufen und selbst in der Pfanne braten. Mittlerweile ziert der kleine Fisch viele Petersburg-Souvenirs (T-Shirts, Taschen) und selbst Tassen der Kaiserlichen Porzellanmanufaktur (s. S. 85) schmücken bereits Stinte.

Getränke

- **Wodka:** Das Wässerchen gehört in Russland auf jede Tafel. Es wird eiskalt getrunken und hat einen weichen, angenehm milden Geschmack. Wodka wird meist aus Weizen destilliert. Je häufiger die Destillation und je besser die Filterung, desto höherwertiger das Endprodukt. Petersburgs populärster, wodkahaltiger Bar-Drink ist der **Kok-**

tejl Bojarskij: Grenadine und Wodka (je 25 cl), dazu 5 Tropfen Tabasco – fertig.

- **Tee:** Noch populärer als Wodka ist freilich schwarzer Tee *(tschaj)*, der zu jeder Tageszeit, auch spät abends noch, getrunken wird. Der klassische Samowar, aus dem kochendes Wasser zum Verdünnen eines in einem anderen Kännchen gereichten Teeextrakts geschenkt wird, kommt aber kaum noch zum Einsatz.
- **Kwas:** Das alkoholfreie Erfrischungsgetränk wird meist mit vergorenem Roggenbrot hergestellt. Sein Geschmack ist leicht säuerlich. Leider ist der in Supermärkten erhältliche Kwas schrecklich übersüßt. Die einst allgegenwärtigen Kwas-Tanks auf den Straßen sind mittlerweile aus dem Stadtbild verschwunden, einen guten Kwas bekommt man aber im Jelissejew-Feinkostladen 17.

KURZ & KNAPP

Kaviar – ja, aber …

Kaum ein Nahrungsmittel hat einen edleren Ruf als der auf russisch *ikra* genannte Kaviar. Der exklusive Geschmack ihres Rogens zeitigte indes **tragische Folgen** für die Lieferanten des schwarzen Goldes, die russischen **Störe.** Die Wildbestände des gewaltigen, bis zu 6 m langen Hausen – der größten Störart, die auch den größten und edelsten, den Beluga-Kaviar liefert – sind bereits zusammengebrochen. Selbst Fangstopp und Exportverbot werden die wunderbaren Urzeitwesen wohl nicht mehr retten. Auch die Bestände anderer kaviarliefernder Störarten sind in teils dramatischem Zustand. Derweil macht die Störzucht gewaltige Fortschritte. Der aus der Zucht gewonnene Kaviar steht dem Wildkaviar qualitativ in nichts mehr nach. Der Löwenanteil des Zuchtkaviars wird heute in chinesischen Aquakulturen produziert, aber auch in Frankreich, der Schweiz, Deutschland oder Russland selbst gibt es Anbieter. Der Autor empfiehlt dringend, **auf Kaviar aus Wildfang völlig zu verzichten** und beim Einkauf unbedingt auf CITES-zertifizierten Kaviar zu achten (Achtung: nur 125 g dürfen nach Deutschland eingeführt werden). Ein „C" auf dem Cites-Label deutet darauf hin, dass der Kaviar von Fischen stammt, die in Aquakulturen gehalten wurden.

- Der genaue Aufbau des Cites-Labels wird hier ausführlich erklärt: www.bfn.de/fileadmin/MDB/documents/themen/cites/Anlage1-Kaviarkennzeichnung.pdf.

011sp Abb.: blj

Smoker's Guide

Die Gesetzgebung zum Schutz der Nichtraucher wurde drastisch verschärft. Seit 2014 sind alle **Restaurants und Kneipen Nichtraucherzone,** selbst die zuvor oft existierenden abgetrennten Raucherzimmer gehören nun der Vergangenheit an. Auch in allen öffentlichen Gebäuden, Hotels, Zügen, Sportstadien, Krankenhäusern u. Ä. ist das Rauchen untersagt. Qualmen also nur draußen vor der Tür – und darauf achten, dass man nicht gerade vor einem Kindergarten, einer Schule oder einem Spielplatz steht! Auch wer hier raucht, kann mit einer saftigen Strafe rechnen ...

Hervorhebenswerte Lokale

Die lokale Restaurantszene ist sehr vielfältig und lebendig. Ob dekadent schlemmende Neureiche oder arme Studenten – hier werden alle Bedürfnisse befriedigt. Die Kultur des Essengehens ist aber eher etwas für die Reichen oder aber für junge Menschen. Viele ältere, in der Sowjetunion sozialisierte Menschen können mit dieser Art der „Geldverschwendung" wenig anfangen. Sämtliche Länderküchen der Welt sind in der Stadt vertreten, oft auf sehr gutem Niveau. Aber zum Saltimbocca- oder Sushiessen reist ja eigentlich niemand an die Newa ...

Das **Trinkgeld** in einem Café/Restaurant liegt zwischen 10 und 15 %.

Restaurantkategorien

€	günstig	(5–10 €)
€€	moderat	(10–20 €)
€€€	hochpreisig	(ab 20 €)

(Preis pro Hauptgericht inkl. Getränk)

Selbstbedienung

SB-Restaurants sind zu den Stoßzeiten immer sehr voll. Die Schlangen bewegen sich zwar schnell und es findet sich immer noch ein Platz, aber für entspannteres Dinieren empfiehlt es sich, sein Essen ein wenig antizyklisch zu planen.

19 [F6] **Marketplace** €, Newskij Pr. 24, Metro: Newskij Pr., http://market-place.me, tägl. 8–5.30 Uhr. Tolles SB-Restaurant ganz ohne knallige Plastik-Fastfood-Atmosphäre. Die hohen Räume erinnern tatsächlich an eine Markthalle und mitten im Raum grillen und braten die Köche in offenen Küchenständen russische Klassiker sowie asiatische und italienische Gerichte. Im 1. Stock befindet sich ein Café, man kann auch draußen sitzen und bekommt das Toben des Newskij dann kaum mit. Weitere Filialen im Stadtgebiet. WLAN.

20 [E6] **Teremok** €, Bol. Morskaja Ul. 11, Metro: Admiraltejskaja, www.teremok.ru, tägl. 7.30–23 Uhr. Nicht charmant, aber günstig und vor allem omnipräsent. Frisch gebackene *bliny* und russische Suppen. Der *borschtsch* kommt in einer Styroporschale, ist aber aromatisch. Zahllose weitere Filialen im Stadtgebiet. WLAN.

21 [F6] **Tschajnaja Loschka** €, Newskij Pr. 44, Metro: Gostinyj Dwor, www.teaspoon.ru, tägl. 24 Std. geöffnet. Wie das Teremok allgegenwärtig und auf frische *bliny* mit den verschiedensten Füllungen spezialisiert. WLAN. Zahllose Filialen.

Russisch

22 [H6] **Banschiki** €€, Degtjarnaja Ul. 1a, Metro: Pl. Wosstanija, www.banshiki.spb.ru, Mo.–Do. 10–23, Fr. 12–24, Sa. 11–24, So. 11–23 Uhr. Ein bisschen außerhalb gelegen, aber für alle an russischer Küche Interessierte ist der Abstecher hinter den Moskauer Bahnhof ein Muss! Das gemütliche, 2017 eröffnete Restaurant bringt alle Klassiker der russi-

schen Küche in großartiger Qualität und einmaliger Frische auf den Tisch, teils in aufregend moderner Interpretation.

23 [E6] **Gosti** €€, Mal. Morskaja Ul. 13, Metro: Admiraltejskaja, www.gdegosti.ru, tägl. 9–1 Uhr. Der fröhliche, leicht kitschige Touch trägt zur heimeligen Atmosphäre bei, die Wohnzimmereinrichtung mit Klavier, Bücherregalen und Krimskrams tut ihr Übriges. Mit den russischen Klassikern und vor allem auch den Desserts fährt man sehr gut. WLAN.

24 [H6] **Mekhta Molokhovets** €€€, Ul. Radischtschewa 10, Metro Pl. Wosstanija, www.molokhovets.com, Mo.–Fr. 12–23, Sa./So. 14–23 Uhr. Benannt nach Jelena Molochowez, deren Kochbuchklassiker „Geschenk für junge Hausfrauen" 1861–1917 in zahllosen Auflagen erschien und die ganze Vielfalt der prä-revolutionären russischen Küche abdeckte: Alle Gerichte des Gourmetrestaurants stammen aus besagtem Kochbuch. Exzellente Zubereitung, aristokratische Atmosphäre mit Live-Pianisten und aufmerksames, aber teils zu leichter Arroganz neigendes Personal. Wenige Tische, besser reservieren. Achtung, die Qualität hat ihren Preis!

25 [G6] **Pelmenija** €, Nab. Reki Fontanki 25, Metro: Gostinyj Dwor, tägl. 11–23 Uhr. Tiefkühl-Pelmeni sind das russische „Junggesellenfastfood" Nr. 1. In diesem kleinen Restaurant – unverputzte Wände, spartanisches Dekor – werden Pelmeni aber zur Kunstform erhoben. Die Küche nennt sich *Mono Cuisine* und ist allein auf Teigtaschen spezialisiert: Pelmeni, Ravioli, Dim Sum. Diese sind alle saftig, knackig, mit perfekt gewürzter Füllung und schmecken klasse. Passend dazu gibt es eine lange Bierkarte mit vielen Importbieren. WLAN.

26 [E6] **Teplo** €€, Bol. Morskaja 45, Metro: Admiraltejskaja, www.v-teple.ru, Mo.–Do. 9–24, Fr./Sa. 11–1, So. 13–24 Uhr. Seine charmante Atmosphäre und sorgsame Küche machen das Teplo zu einem besonderen Restaurant – russische Klassiker sind auf der asiatisch/italienisch/europäisch angehauchten Karte zwar in der Minderheit, aber natürlich gibt es einen ausgezeichneten *borschtsch* und ein klasse Bœuf Stroganow. Sehr beliebt, besser reservieren.

27 [F3] **Tscherdak** €, Kujbyschewa Ul. 38/40, Metro: Gorkowskaja, http://cherdakcafe.ru, So.–Do. 11–23.30, Fr./Sa. 11–2 Uhr. Liebenswertes Restaurant/Pub, dessen Einrichtung einem alten Dachboden nachempfunden ist und gemütliche Stammlokal-Atmosphäre verströmt. Gute und preiswerte russische Küche. Mehrere Ableger in der Stadt.

Gastro- und Nightlife-Areale

Bläulich hervorgehobene Bereiche in den Karten kennzeichnen Gebiete mit einem dichten Angebot an Restaurants, Bars, Klubs, Discos etc.

057sp Abb.: fo © Andrey Starostin

Pelmeni – das russische Nationalgericht

Georgisch

28 [G6] **Lagidse** €, Ul. Belinskogo 3, Metro: Gostinyj Dwor, Majakowskaja, tägl. 11–24 Uhr. Die Küche ist nicht so exquisit wie die der nachfolgend genannten Georgier, aber authentisch und eine gute Einführung in die georgische *Cuisine.* Und wegen der günstigen Preise ist das Lagidse sowieso konkurrenzlos unter den Georgiern der Stadt. Englische Karte. Englischsprachiges Personal sollte man aber nicht erwarten ...

29 [D6] **Mindal** €€, Anglijskaja Nab. 26, Metro: Admiraltejskaja, www.mindalcafe.ru, tägl. 12–24 Uhr. In der „Mandel" wird fantastisch gekocht. Ein in kulinarischen Dingen nicht unbeschlagener Freund des Autors schwärmt bis heute von dem „wohl besten Essen" seines Lebens. Zur Menüfolge zählten u. a. *chinkali* (georgische Version der *pelmeni*) und das *Zyplenok Tabaka* (gebratene Hühnchen). Weitere Ableger in der Stadt.

30 [F5] **Rustaveli** €€, Nab. Reki Mojki 9, Metro: Gostinyj Dwor, Mo.–Fr. 11–23, Sa. 12–23, So. 13–23 Uhr. Für viele Freunde georgischer Küche steht und fällt die Qualität eines Restaurants mit der seiner *chatschapurri* (überbackene Käsefladen). Im Rustaveli sind sie super – wie auch das übrige Essen in diesem sehr familiären Restaurant, das mit Fug und Recht als kleines Juwel bezeichnet werden kann.

International

31 [G7] **Fartuk** €€, Ul. Rubinschtejna 15/17, Metro: Dostoewskaja, So.–Do. 10–24, Fr./Sa. 10–2 Uhr. Klitzekleines Restaurant, das mit roten Backsteinwänden und mediterranen Bodenkacheln südliches Flair aufkommen lässt. Die Karte mischt Russisches mit europäisch-mediterranen Einflüssen. Gut geeignet zum Lunch oder Frühstück. WLAN.

32 [G7] **Green Room** €, Ligowskij Pr. 74, Metro: Pl. Wosstanija, www.loftprojectetagi.ru, So.–Do. 9–23, Fr.–Sa. 9–6 Uhr. Wundervoll luftige Loft-Cafeteria mit einem Touch New York und riesiger Terrasse im Künstlerhaus Etagi. Günstiges Essen (russisch, international), Boheme-Publikum. WLAN.

33 [F6] **Jack & Chan** €, Inschenernaja Ul. 7, Metro: Gostinyj Dwor, http://jack-and-chan.com, So.–Do. 11–24, Fr./Sa. 11–2 Uhr. Vorzeigbare (und günstige)

Relaxen auf der Dachterrasse des Green Room

012sp Abb.: sas

pan-asiatisch-amerikanische Küche gibt es in diesem beliebten Hipster-Hangout. Discounts für Gäste des Baby Lemonade Hostel. WLAN.

34 [D7] **Senoval** €, Nab. Reki Mojki 82, Eingang vom Fonarnyj Per., Metro: Admiraltejskaja, Sadowaja, www.senoval-traktir.ru, tägl. 11.30–23.30 Uhr. Beliebt bei allen Petersburger Studenten: *bliny*, Pasta, Pizza und Sushi, wobei man mit der riesigen, guten Pizza den besten Deal macht. WLAN.

EXTRATIPPS

Essen mit Aussicht

35 [E6] **Bellevue Brasserie** €€€, Nab. Reki Mojki 22, Metro: Admiraltejskaja, Newskij Pr., www.kempinski.com, tägl. 12–0.30 Uhr. Zweifellos eine der atemberaubendsten Aussichten auf die Stadt hat man von der Dachterrasse dieses im letzten Stock des Kempinski-Hotels lokalisierten Luxusrestaurants. Der französische Küchenchef bringt moderne Fusionsküche und russische Klassiker auf den Tisch. WLAN.

Für den späten Hunger

36 [G6] **PirO.G.I.** €, Nab. Reki Fontanki 40, Metro: Gostinyj Dwor, Majakowskaja, tägl. 24h. Entspannter Studentenschuppen im Keller, je nach Tageszeit zwischen Café, Kneipe und Klub oszillierend und immer einen Besuch wert. Günstige Pirogi, Pelmeni und Suppen. Die Bierkarte weist selbst Berliner Kindl aus, das allerdings wesentlich teurer ist als der einheimische Gerstensaft. WLAN.

Lecker vegetarisch

Die vegetarische/vegane Szene boomt in Petersburg – obwohl die überwältigende Mehrheit der Russen fleischlose Ernährung mit Argwohn betrachtet und viele russische Ärzte offiziell davon abraten. Ohne Fleisch ließe sich der Körper angeblich nicht mit den nötigen Vitaminen, Eiweißen etc. versorgen. Eine komplette Auflistung der mittlerweile zahlreichen vegetarischen/veganen Restaurants und Läden gibt es auf www.happycow.net/europe/russia/st_petersburg. Die Favoriten des Autors sind:

37 [F5] **Botanika** €€, Ul. Pestelja 7, Metro: Gostinjy Dwor, www.cafebotanika.ru, So.–Do. 11–24, Fr.–Sa. 11–1 Uhr. Das Botanika überzeugt mit seiner Freundlichkeit, der schönen Terrasse und der abwechslungsreichen Karte, die mit Currys, Pastagerichten u. Ä. auch für bekennende Fleischesser mehr als nur erträglich sein dürfte. Ein weiteres Plus ist das Spielzimmer für Kinder.

38 [G7] **Ukrop** €-€€, Ul. Marata 23, Metro: Wladimirskaja, www.cafe-ukrop.ru, tägl. 9–23 Uhr. Stylishes vegetarisch/veganes Restaurant. Im Erdgeschoss Selbstbedienung, im 1. Stock klassisches Restaurant. Es gibt vegetarische Interpretationen russischer Klassiker (*borschtsch*, Salat Olivier, etc.) ebenso wie Falafel, Pasta oder Risotti. Mittlerweile gibt es drei weitere Filialen in der Stadt. Übrigens: Das Wort *ukrop* („Dill") wurde im Zuge des Ukrainekonflikts von den Separatisten als Schmähwort für Ukrainer zweckentfremdet, hier ist es natürlich in seiner eigentlichen Bedeutung gemeint. WLAN.

39 [E6] **Troitzkij Most** €, Nab. Reki Moijki 30, Metro: Admiraltejskaja, http://t-most.ru, tägl. 8.30–22.30 Uhr. Einen Steinwurf von der Eremitage entfernt befindet sich dieses gemütliche kleine Restaurant. Große Salatauswahl, hervorragende Hauptgerichte und Kuchen. Manch vegetarischer Petersburgreisender speist während seines Aufenthalts (fast) nirgendwo anders. Inzwischen mit weiteren Filialen in der Stadt.

EXTRATIPPS

Dinner for one

Wer alleine unterwegs ist und nicht einsam in einem klassischen Restaurant vor sich hin brüten möchte, der wird das Marketplace (s. S. 72) mögen – reichlich Alleinspeisende, mit denen man öfters an einem gemeinsamen Tisch landet. Zwischen 12 und 15 Uhr (manchmal bis 16 Uhr) bieten zudem viele Restaurants günstigen und schnellen „Bisnes-Lantsch" an, auch hier wird man ohne Begleitung nicht schief angesehen.

Der erste Kaffee

Frühaufsteher haben es recht schwer, vor 10 Uhr einen anständigen Kaffee zu bekommen – jedenfalls wenn sie nicht eine der recht austauschbaren und teuren Kaffeeketten aufsuchen möchten. Wer bereits vor 9 Uhr am Start ist und nicht auf die Öffnung des **Zoom Cafés** (siehe unten) warten möchte, dem sei das **Cake&Breakfast** unbedingt empfohlen. Ein entspannt-frisches Ambiente, ein kleiner Innenhof zum Draußensitzen und eine wunderbare Frühstückskarte, die keine Wünschen offen lässt (sei's russisch, englisch oder kontinental ...) und zudem den ganzen Tag über gilt. Das Frühstückscafé ist also auch für Langschläfer und Bruncher die perfekte Option.

44 [G5] **Cake&Breakfast,** Kirotschnaja Ul. 9, Metro: Tschernyschewskaja, https://vk.com/cakeandbreakfast, tägl. 8–21 Uhr

Cafés

17 [F6] **Jelissejew-Feinkostladen.** Unter der Palme im Laden lässt sich in einmaliger Jugendstil-Atmosphäre ausgesprochen gut und gar nicht mal so schrecklich teuer lunchen oder Kaffee trinken. Hervorragende *bliny* und *kwas!*

40 [G5] **Knigi i Kofe,** Ul. Gagarinskaja 20, Metro: Tschernyschewskaja, http://vk.com/knigikofe, tägl. 11–23 Uhr. Literaturcafé mit behaglicher Wohnzimmeratmosphäre, umfangreicher Speisekarte (Pasta, Suppen und mehr) und leckerem Kuchen. Das kulturelle Begleitprogramm im benachbarten Veranstaltungsraum umfasst Jazzkonzerte, Filmvorführungen, Lesungen und mehr. WLAN.

41 [E6] **Pyschetschnaja,** Bol. Konjuschennaja Ul. 25, Metro: Admiraltejskaja, Newskij Pr., Mo.–Fr. 9–20, Sa./So. 10–20 Uhr. Seit 1956 haben Generationen von Petersburgern hier ihre geliebten *pyschki* – frittierte, mit Puderzucker bestreute Hefeteigkringel – gegessen und dazu süßen Milchkaffee geschlürft. Weder die *pyschki,* noch die Einrichtung haben sich seitdem groß verändert. Die Schlange reicht oft bis auf die Straße – keine Sorge, sie bewegt sich schnell.

42 [G7] **Schtolle,** Wladimirskij Pr. 15, Metro: Wladimirskaja, www.stolle.ru, tägl. 9–21 Uhr. Stadtbekannt für herausragende *pirogi* (s. S. 69).Zahllose Filialen in der Stadt, alle *pirogi* auch zum Mitnehmen.

43 [E6] **Zoom Café,** Gorochowaja Ul. 22, Metro: Admiraltejskaja, www.cafezoom.ru, Mo.–Fr. 9–24, Sa. 11–24, So. 13–24 Uhr. Für viele junge Petersburger hat das Zoom Café längst Kult-Status. Schon an der holzvertäfelten, über und über mit Blumenkübeln dekorierten Fassade sieht man, dass hier, mitten auf der dauerverstopften Gorochowaja Ul., eine Oase zu finden ist. Super Atmosphäre (leider oft rappelvoll!), gute Fusionsküche. Perfekt zum Frühstücken, hier gibt es dann auch richtige russische Klassiker: *kascha* (s. S. 70), *syrniki* (süße Pfannküchlein aus Quarkteig) und *olady* (ähnlich wie *syrniki,* aber aus Buttermilchteig). WLAN.

St. Petersburg am Abend

Wie die Restaurantszene, so wird auch das Petersburger Nachtleben von einer frischen Welle getragen. Ständig entstehen neue Locations – glamouröse Neureichen-Läden, aber auch urbane Hipsterhangouts und alternative Kellerkneipen.

Trotz mittlerweile über viele Jahre etablierter Institutionen – in denen der alternative Geist der frühen 1990er-Jahre mitunter wie in der Zeit eingefroren scheint – hat sich gerade die Untergrund- und Künstlerszene etwas Unfertiges, Vorübergehendes und dadurch sehr Vitales bewahrt, das in Vielem an das Nachwende-Berlin erinnert. Viele Petersburger Neugründungen nehmen sich übrigens ganz explizit die Café- und Klubtrends der deutschen Hauptstadt zum Vorbild, nicht nur in ihrer Namensgebung (Café Mitte, Café Berlin ...) oder bei der Wahl ihrer Biere ...

Auch wenn die legendäre Kneipe „Datscha" unlängst schließen musste: Als Party-Straße hat sich die **Dumskaja Ul.** [F6] einen Ruf erworben, der längst über Petersburg hinausreicht: In den leicht schäbigen, verwitterten Arkadengängen gegenüber dem Gostinyj Dwor 23 reiht sich noch immer eine Kneipe an die nächste. Aber Achtung, der anarchisch-ausgelassene, alkoholgetriebene Charakter des hiesigen Partyvolks ist vielleicht nicht jedermanns Sache. Die elegante Alternative zur Dumskaja ist die **Ul. Rubinschtejna** [G6–7]: Hier folgt ein schickes Restaurant auf das nächste, dazwischen eingestreut immer wieder kleine, intime Bars. Weniger konzentriert, aber immer noch in bequemer Laufweite, sind die alternativen Institutionen auf dem **Ligowskij Prospekt** [G7–9]: die Fish Fabrique (s. S. 78) und das Etagi (s. S. 66). Zentrum des Nachtlebens auf dem Prospekt ist aber das weitläufige, surreal-postindustrielle Gelände **Ligowskij 50** [H7] hinter der Galeria. In einstöckigen, ehemaligen Lagerhäusern residieren Nebeneinander Technoklubs (das Jesus), Karaoke-Kneipen (das Poison, s. S. 78) und entspannte Szenehangouts wie das Djuny (s. S. 78).

Nachts erstrahlt die Stadt an der Newa

Nachtleben

Kneipen, Pubs

45 [E6] **Boroda Bar,** Ul. Kasanskaja 11, Metro: Newskij Pr., www.facebook.com/Borodabar, tägl. 17–2 Uhr, am Wochenende länger. Kleine, fröhlich-freundliche Kneipe/DJ-Bar, in der sich die Untergrund-, Hipster- und Kunstszene auf typisch Petersburger Weise bunt durchmischen. Gute Cocktails! WLAN.

46 [G6] **Dead Poets,** Ul. Schukowskogo 12, Metro: Majakowskaja, http://deadpoetsbar.com, So.–Do. 14–2, Fr./Sa. 14–8 Uhr. Coole Whiskey-Bar mit anspruchsvoller, aber nicht teurer Küche und riesiger Whiskey-Auswahl, stilvoll hinter der Theke arrangiert. Versnobbte High-Society-Attitüde findet man ebenso wenig wie lautlärmendes Kneipenvolk. Bis 16 (!) Uhr kann man für wenig Geld gut frühstücken!

47 [H7] **Djuny,** Ligowskij Pr. 50/11, Metro: Pl. Wosstanija, www.facebook.com/dunes.on.ligovsky, tägl. 12–3 Uhr, am Wochenende länger. Auch die relaxte Szene-Strandbar ist in Petersburg angekommen – abseits des Wassers in einem ehemaligen Lagerhaus auf dem Ligowskij-50-Areal. Viel Sand, Liegestühle und Schaschlik vom Grill, dazu eine DJ-Bar im Retro-Stil und im Stockwerk darüber die durchaus interessante Galerie „Masterskaja alta lingua" (geöffnet Do./Fr. 16–20 Uhr). WLAN.

48 [F6] **Poison (1),** Ul. Lomonosowa 2, Metro: Newskij Pr., http://vk.com/poisonkaraoke, tägl. 18–7 Uhr. Für alle, die es schrill mögen, ist die Karaoke-Kneipe mit dem Totenkopf-Logo eine Option. Täglich ab 21 Uhr geht es los. Die Playlist umfasst alles, was hinlänglich bekannt genug zum Mitsingen ist (Abba, Bob Marley, Madonna ...). Zwei Ableger:

49 [G7] **Poison (2),** Rubinschtejna 13

50 [H7] **Poison (3),** Komplex Ligowskij Pr. 50

51 [E7] **Stirka 40°,** Kasanskaja Ul. 26, Metro: Newskij Pr., http://40gradusov.ru, Mo.–Do. 10–24, Fr.–So. 10–1 Uhr. Waschsalon, Kult-Kneipe, Abschlussarbeit einer Schweizer Kunsthochschule – das Stirka ist alles zugleich. Die deutsche Mitgründerin Anke Nowottne schuf mit dem Stirka nicht nur den ersten öffentlichen Waschsalon der Stadt, sondern ein Gesamtkunstwerk, in dem Waschmaschinen die Trommeln rotieren lassen und DJs die Plattenteller. WLAN.

Klubs und Musikklubs

› In den Musikkubs bewegen sich die Preise für Livekonzerte meist zwischen 200–300 Rub, je nach Band. Im Griboedov und den Jazzklubs kann es auch mal etwas teurer werden.

52 [H7] **Fish Fabrique Nouvelle,** Ligowskij Pr. 53 (im Hof), Metro: Pl. Wosstanija, http://fishfabrique.ru, tägl. 18 Uhr bis open end. Im berühmtesten besetzten Haus Petersburgs – dem Künstlersquat Puschkinskaja 10 – findet sich die nicht minder berühmte alternative Kneipe, die an das alte Berliner Tacheles erinnert. Im Hof kann man unter Fischskulpturen lauschig draußen sitzen. Viel Livemusik, auch weniger bekannte russische Nachwuchsbands. In der **Galerie für experimentellen Klang** (http://a-a-ah.com/gez-21) im selben Haus finden ebenfalls regelmäßig musikalische Happenings statt. WLAN.

53 [G5] **G.A. Blues Club,** Litejnyj Pr. 33, Metro: Majakowskaja, https://gablues.com, Tel. 5798813, tägl. 12–24 Uhr. Auch wenn sich der Name des kleinen Kellerklubs geändert hat: Im ehemaligen Jimi Hendrix Blues Club wird das Erbe des genialen Gitarristen nach wie vor würdevoll angetreten. Auch die Küche, die russisch-georgische Gerichte anbietet, ist unverändert sehr gut. Besser reservieren.

54 [G8] **Griboedov,** Ul. Woroneschskaja 2, Metro: Ligowskij Pr., www.griboedovclub.ru, Mo.–Fr. 12–6, Sa./

So. 15–6 Uhr. Definitiv der international bekannteste Club der Stadt. Seit 1996 residiert die Untergrund-Legende in einem ehemaligen Luftschutzbunker. Klingt härter, als es ist! Freundliche Szene-Atmosphäre, die musikalische Palette reicht von Funk bis zu elektronischer Musik und Industrial. Außer DJs treten auch Livebands auf. Auf dem Gribeodov-Hügel über dem Bunker gibt es seit 2006 ein zum Klub gehörendes Restaurant, in dem rund um die Uhr gegessen werden kann. Auch dort finden Konzerte und Ausstellungen statt. WLAN.

55 [F7] **Jazz Philharmonic Hall,** Sagorodnij Pr. 27, Metro: Swenigorodskaja, www.jazz-hall.ru, 19–23 Uhr. Dawid Goloschtschjokin, einer der bekanntesten russischen Jazzmusiker, ist der Vater des ältesten Petersburger Jazzklubs. Wobei Klub die Sache nicht ganz trifft. Heimat der staatlich finanzierten Spielstätte ist eine Konzerthalle mit Theateratmosphäre. Der gespielte Jazz ist eher traditioneller Prägung.

56 [G4] **JFC Jazz Club,** Ul. Schpalernaja 33, Metro: Tschernyschewskaja, http://jfc-club.spb.ru, tägl. 19–23 Uhr. Kleiner Hinterhofklub mit intimer Atmosphäre und herausragenden Interpreten – vielleicht die heißeste Jazz-Location der Stadt.

57 [D4] **Kamtschatka,** Ul. Blochina 15, Metro: Sportiwnaja, www.clubkamchatka.ru, tägl. 13–1 Uhr. Ein Muss für alle Fans des Sängers Wiktor Zoi (1962–1990) und seiner legendären Band „Kino", die mit ihrem melancholischen Sound und sehr politischen Texten in der Endphase der Sowjetunion Heldenstatus erlangte. In just dem **Heizkeller,** in dem Zoi nach seinem Verweis von der Kunstakademie als Heizer arbeitete, ist heute ein Gedenkmuseum eingerichtet, das zugleich Kneipe und Konzertlocation ist. Fast täglich finden ab 19 Uhr Konzerte statt, oft mit Kino-Cover-Songs. Der Name Kamtschatka stammt noch von Zoi selbst. Er taufte den Heizkeller auf diesen Namen und widmete seiner seltsamen Arbeitsstätte das gleichnamige Lied, eines seiner poetischsten. Eingang auf dem Hof, rechts am Haus vorbei und dann links.

58 [F8] **Kosmonawt,** Ul. Bronnizkaja 24, Metro: Technologitscheskij Institut, www.cosmonavt.su, ab 19 Uhr. Das einstige Kino Kosmonawt ist heute eine 2000 Zuhörer fassende Konzerthalle mit ausgezeichneter Akustik. Bekannte russische und internationale Bands treten hier auf. Die Konzerte beginnen meist um 20 Uhr. Tickets ca. 800–1500 Rub, je nach Band.

59 [G6] **Purga,** Nab. Reki Fontanki 11, Metro: Gostinyj Dwor, http://purga-club.ru, 16–6 Uhr. Der „Schneesturm" (so die Übersetzung) ist einer der seltsamsten Klubs überhaupt: Im quietschbunten Keller des Purga I wird tagein tagaus Silvester gefeiert, inkl. gefakter Neujahrsansprache und fröhlich absurdem Begleitprogramm. Im benachbarten Purga II steigen imaginäre Hochzeitspartys, es ist aber nur Fr./Sa. ab 20 Uhr geöffnet. WLAN.

60 [F6] **Zentralnaja Stanzija,** Ul. Lomonosowa 1/28, Metro: Newskij Pr., www.centralstation.ru, 22–6 Uhr. Die bekannteste Schwulendisco der Stadt ist ein Ableger des weltberühmten Moskauer Klubs: Mehrere Tanzflächen, ein Restaurant und insgesamt acht Bars finden sich in diesem riesigen Vergnügungstempel, der auch Heteros mitfeiern lässt. WLAN.

Theater und Konzerte

Theater

61 [F6] **Aleksandrinskij-Theater,** Pl. Ostrowskogo 6, Metro: Gostinyj Dwor, http://alexandrinsky.ru. Neue Bühne: Nab. Reki Fontanki 49a. Das Theater residiert in Rossis klassizistischem Prachtbau, vor wenigen Jahren wurde zudem die Neue Bühne in Betrieb genommen. Künstlerischer Leiter ist Walerij Fokin, der für effektvoll-moderne, aber eher entpolitisierte Inszenierungen steht.

62 [G7] **Malyj-Theater,** Ul. Rubinschtejna 18, Metro: Dostoewskaja, www.mdt-dodin.ru. Die kleine Bühne leitet Lew Dodin, der in Konstantin Stanislawskijs Tradition des *Method Acting* steht, mit dem illustren europäischen Theaterpreis ausgezeichnet wurde und durch sensationelle Tschechow-Inszenierungen aufgefallen ist. Aufführungen teils mit eingeblendeten englischen Untertiteln.

Klassische Musik

63 [E5] **Eremitage-Theater,** Dworzowaja Nab. 34, Metro: Admiraltejskaja, www.balet-spb.ru. Das prächtige Theater in der Eremitage war einst die Privatbühne Katharinas der Großen. Nach 1917 geschlossen, finden hier nach umfassender Restaurierung seit 1991 wieder regelmäßig Aufführungen statt, meist Ballett. Der Eingang befindet sich nicht am Schlossplatz, sondern auf der Rückseite des Palasts.

41 [D7] **Mariinskij-Theater.** Heimat des russischen Balletts und berühmteste Spielstätte der Stadt. Seit 2013 verfügt das Theater im Mariinskij II auch über eine zweite, topmoderne Spielstätte in direkter Nachbarschaft zum alten Theater.

64 [F6] **Michajlowskij-Theater,** Pl. Iskusstw 1, Metro: Newskij Pr., Gostinyj Dwor, www.mikhailovsky.ru. Obgleich stets im Schatten des Mariinskij, braucht sich die zweite Ballett-Bühne der Stadt nicht zu verstecken. Klassisches Ballett und Opern, traditionelle Inszenierungen. Mehr als nur ein Ersatz, falls es im Mariinskij keine Karten mehr geben sollte.

› **Petersburger Konservatorium.** Das ehrwürdige Konservatorium ist die älteste öffentliche Musikschule Russlands. Es befindet sich gleich gegenüber dem berühmten Petersburger Mariinskij-Theater 41. Heute trägt es den Namen Nikolaj Rimskij-Korsakows, der hier 1871 im Alter von 27 Jahren eine Professur antrat und über 35 Jahre unterrichtete. Das Konservatorium verfügt über zwei Konzertsäle, den Großen und den Kleinen Saal, meist Glasunow-Saal genannt. Gespielt werden Opern, Ballett und sinfonische Konzerte, im Kleinen Saal Kammermusik. Die Musiker sind teils Studenten.

65 [E6] **Petersburger Staatskapelle,** Nab. Reki Mojki 20, Metro: Newskij Pr., Gostinyj Dwor, http://capella-spb.ru. Die Heimat der Staatskapelle ist das älteste Konzerthaus der Stadt, die Glinka-Kapelle, die wegen ihrer einmaligen Akustik weltberühmt ist. Sinfonische Konzerte und Opern, vor allem russischer Meister.

66 [F6] **Schostakowitsch-Philharmonie,** Michajlowskaja Ul. 2, Metro: Newskij Pr., Gostinyj Dwor, www.philharmonia.spb.ru. Die renommierten Philharmoniker verfügen über zwei Spielstätten: den Kleinen Saal auf dem Newskij Pr. 30 und den Großen Saal (Большой зал). Alle großen Namen der klassischen russischen Musik – Rubinstein, Musorgskij, Tschaikowskij, Rimskij-Korsakow – traten hier auf. Hier dirigierte Schostakowitsch 1942 inmitten der Blockade seine Sinfonie Nr. 7.

Kartenvorverkauf

› Karten für alle Veranstaltungen – mit Ausnahme derjenigen für das Mariinskij-Theater 41 – erhält man an den **Theaterkassen** *(Teatralnaja Kassa),* zu finden in fast allen Metrostationen und überall über die Stadt verteilt. Mit die größte ist auf dem Newskij Pr. 40–42 zu finden (fast direkt gegenüber dem Haupteingang des Gostinjy Dwor, geöffnet tägl. 9–21 Uhr).

› Online-Tickets kann man über über die Websites der Spielstätten oder www.bileter.ru (auch englisch) buchen.

› Karten für's Mariinskij gibt es entweder im Theater selbst oder an den auf der Website ausgewiesenen Verkaufsstellen: www.mariinsky.ru/en/visit/buy3.

St. Petersburg für Kauflustige

Petersburg ist ein Shoppingparadies: Besonders in der Welt der Mode hat sich die Stadt dank ihrer kreativen und stilsicheren Designer internationales Renommee erworben. Also, nicht nach den bekannten westlichen Marken suchen – sondern nach den vielen kleinen Boutiquen russischer Modeschöpfer.

Auch in Galerien gibt es viel Spannendes (jenseits der „Souvenirmalerei“) zu entdecken: Einige Arbeiten junger, zeitgenössischer Künstler sind schon ab etwa 50 Euro erhältlich. Für Antiquitätenkäufer sind die günstigen Goldgräberjahre indes vorbei – zudem bedürfen antike Stücke ab einem Alter von 50 Jahren einer besonderen Ausfuhrgenehmigung.

Bücher

› **Dom Knigi.** Der bekannteste Buchladen der Stadt residiert im Singer-Haus ⓮, Petersburgs Jugendstilikone. Viele Reiseführer und Petersburgliteratur in allen Sprachen. Im 1. Stock finden sich neben Büchern auch Kinderspielzeug und ein recht touristisches Café, immerhin mit bestem Blick auf die Kasaner Kathedrale.

67 [E6] **Wse Swobodny,** Nab. Reki Mojki 28 (2. Hinterhof), Metro: Newskij Pr., http://vse-svobodny.com, tägl. 12–22 Uhr. Der kleine Buchladen mit der intimen Atmosphäre einer Privatbibliothek ist ein Juwel. Die Titel umfassen russische Literatur, Kunst-, Politik-, Philosophie- und Kinderbücher sowie Comics. Regelmäßig finden Lesungen, Filmscreenings, kleine Ausstellungen und Diskussionsrunden statt. Auch eine Teestube ist vorhanden. Achtung: Der Laden ist nicht leicht zu finden! Eingang über den Wolinskij Per. 4 (Domofon: 1289).

Kaufhäuser

㉓ [F6] **Gostinyj Dwor.** In dem gewaltigen klassizistischen Bau, den noch leicht sowjetisches Flair durchweht, gibt es alles. Westliche Designerkleidung folgt auf solche russischer oder asiatischer Herstellung, es gibt Pelze, Sportläden, Schmuck, Schuhe, Spielzeug u. v. m. Fotografisch Interessierte sollten einen Blick in den Laden Foto Lubitel werfen: Hier gibt es alte Zorki- und Zenitkameras, Korpusse und Linsen (http://photolubitel.com). Die Souvenirs im Erdgeschoss sind aus russischer Produktion und von guter Qualität.

68 [F6] **Passasch,** Newskij Pr. 48, Metro: Gostinyj Dwor, www.passage.spb.ru, Mo.–Sa. 10–21, So. 11–21 Uhr. Die elegante Einkaufspassage mit ihrer sehenswerten Glasdachkonstruktion wurde 1848 eröffnet. Gehobene Mode, Schmuck und Accessoires, auch edle Souvenirs und Antiquitäten. WLAN.

69 [G7] **Wladimirskij Passasch,** Wladimirskij Pr. 19, Metro: Wladimirskaja, http://vpassage.spb.ru, tägl. 11–22 Uhr. In dem Jugendstilbau wurde 2003 eine schicke Mall für die hippen und vermögenden Petersburger eingerichtet. Viel Designerkleidung, darunter eine Reihe russischer Avantgardelabels auf

EXTRATIPP

Shop 'n' Stop

Selbst in kleinen Boutiquen wird mitunter Kaffee serviert, in großen Kaufhäusern sowieso. Die Palette möglicher Anlaufpunkte für den kleinen Einkaufsstopp reicht von liebenswert sowjetnostalgisch wie im **1. Stock des Gostinyj Dwor** ㉓ bis zu cool-alternativ wie im **Green Room Cafe** (s. S. 74) auf der atmosphärischen Dachterrasse des Etagi.

007sp Abb.: blj

insgesamt fünf glasüberdachten Etagen. Im Untergeschoss befindet sich der 24-Std. geöffnete Premium-Supermarkt Lend. WLAN.

Mode

Als Petersburgs **„Straße der Mode“** gilt der schicke **Bolschoj Prospekt** [D3/4] auf der Petersburger Seite. Hier finden sich u. a. die High-End-Boutiquen der Petersburger Design-Stars **Ianis Chamalidy** und **Leonid Alexeev.**

70 [D3] **Ianis Chamalidy,** Bolschoj Pr. 55/56, Metro: Petrogradskaja, http://ianischamalidy.com, tägl. 11–21 Uhr. Unverwechselbares Kennzeichen von Chamalidys hoch eleganten Kleiderkreationen ist ihre geniale Wandelbarkeit: Durch kleine Modifikationen erhält ein und dasselbe Stück ein gänzlich neues Aussehen.

71 [I5] **Lilia Kisselenko,** Kirotschnaja Ul. 47, Metro: Tschernyschewskaja, http://kisselenko.ru, Mo.–Fr. 11–18 Uhr. Lilia Kisselenko ist eine der bekanntesten Petersburger Designerinnen und auch in der deutschen Modeszene keine Unbekannte. Kritiker loben ihre schlichten, linearen Schnitte. Die Vorliebe für Schwarz ist unübersehbar.

72 [E7] **Lyyk Design Market,** Nab. Kanala Griboedowa 74, Metro: Sadowaja, www.lyyk.ru, tägl. 11–23 Uhr. *No brand, only look* ist das Motto der lässigen In-Boutique, die aber (natürlich) auch ganz große russische (Alexeev ...) und internationale Namen im Programm hat. Individuelle Outfits und freundliche Beratung für alle *fashion victims.*

73 [G8] **Off Vintage Shop,** Nab. Obwodnogo Kanala 60, Metro: Obwodnij Kanal, www.offoffoff.ru, So.–Di. 12–21, Mi.–Sa. 12–22 Uhr. Petersburgs erste Adresse für Vintage-Second-Hand-Klamotten befindet sich im Tkachi, einem avantgardistischen Multifunktions-Kulturhaus in einer ehemaligen Textilfabrik, das neben Ausstellungen und Konzerten auch einige Läden beherbergt. Wer auf einen exzentrischen Sowjet-Retro-Stil steht, ist hier richtig. Der ist absolut angesagt bei der Kunst- und Klubszene der Stadt, aus der sich die Stammkundschaft des Ladens rekrutiert.

Elegant einkaufen in der Passasch (s. S. 81)

74 [G7] **Sonja Marmeladowa,** Ul. Rubinschtejna 40, Metro: Dostoewskaja, www.marmeladova.co.uk, Mo.–Fr. 10–22 Uhr. Ein aristokratisch-romantischer Girlie-Look kennzeichnet die Kreationen von Sonja Marmeladowa, einem weiteren vielversprechenden Talent der Petersburger Modewelt. Hier sind die Preise auch für Normalsterbliche noch bezahlbar. Die Modekünstlerin heißt übrigens tatsächlich wie die Heldin aus Dostojewskijs „Schuld und Sühne".

75 [G6] **Tatiana Parfionova,** Newskij Pr. 51, Metro: Majakowskaja, http://parfionova.ru, tägl. 12–20 Uhr. Parfionova ist die große Pionierin der Petersburger Modewelt. Ihre extravagante, von altrussischen Kleidern inspirierte Mode dominieren filigrane Stickereien und bunte Blumenmotive. Berühmt sind vor allem ihre Schals – sicher eines der originellsten, wenn auch nicht günstigsten Petersburg-Souvenirs. Oft ist die *Grande Dame* selbst im Haus.

Lebensmittel

(17) [F6] **Jelissejew-Feinkostladen.** Nach seiner Rundum-Erneuerung erstrahlt Petersburgs Delikatessenladen Nr. 1 wieder in seiner ganzen Jugendstilpracht. Erlesene Frischetheken, Patisserie und

Shoppingareale

Die wichtigsten Shoppingbereiche der Stadt sind im Kartenmaterial mit einer rötlichen Fläche markiert.

teils absurde kulinarische Souvenirs, z. B. Leninbüsten aus Edelschokolade.

(26) [G7] **Kusnetschnyj-Markt.** Charmante Markthalle beim Dostojewskij-Museum **(27)**.

76 [E4] **Sytnyj-Markt,** Sytninskaja Ul. 3–5, Metro: Gorkowskaja, tägl. 8–19 Uhr. Der nahe der Peter-Paul-Festung gelegene Lebensmittelmarkt existiert seit den Tagen der Stadtgründung. Eine Theorie über seine Namensgebung besagt, dass Fürst Menschikow hier einst immer mit Hasenfleisch gefüllte Pirogi verspeiste, woraufhin er stets ausrief: „Wie das stopft!" („Kak sytno!"). Die hübsche Markthalle stammt aus dem Jahr 1912.

77 [E7] **Veganika,** Moskowskij Pr. 7, im Hof, Metro: Sennaja Pl., http://veganika.ru, tägl. 12–20 Uhr. Der vegane Supermarkt ist ein Pionierprojekt in

Zum Reinbeißen: frisches Obst und Gemüse auf dem Kusnetschnyj-Markt **(26)**

008sp Abb.: blj

EXTRATIPP

Petersburg-Souvenirs: Fünf Tipps

1. Ein **Tschischik-Pyschik** 11: Die einzige Skulptur der Stadt, die als Kopie genauso groß ausfallen dürfte wie im Original. Die Zeisige werden gleich an der Fontanka, beim Standort des echten Tschischiks, von Straßenhändlern verkauft, aber auch in fast allen Souvenirläden am Newskij Prospekt.
2. Eine **Postkarte** mit dem persönlichen Lieblingsbild aus dem Buchshop des Russischen Museums 16
3. Eine **CD mit Piterskij Rock** (z. B. Kinos „46“)
4. Eine Box frisch gebackener, duftender **Pasteten** der Pirogi-Bäckerei Schtolle (s. S. 76)
5. Eine **Porzellanvase** oder ein anderes gutes Stück aus der Kaiserlichen Porzellanmanufaktur (s. S. 85)

einem Land, in dem Vegetarier als kuriose Sonderlinge und vegetarische Ernährung als ungesund betrachtet werden. Gewürze, viele Sorten Nüsse, Kichererbsen, Sojaprodukte, Humus, andere vegane Lebensmittel und vegane Kosmetikprodukte.

› In der Innenstadt gibt es zahllose **Supermärkte** großer Ketten wie etwa **Diksi** (http://dixy.ru), erkennbar am weißen „Д“ auf einem orangenen Kreis, und reichlich kleine Lebensmittel- und Getränkeläden, sodass man sich jederzeit problemlos mit dem gerade Notwendigen versorgen kann.

Musik, DVDs

78 [G7] **Fonoteka,** Ul. Marata 28, Metro: Wladimirskaja, http://phonoteka.ru, tägl. 10–22 Uhr. Kleiner CD-, Platten- und DVD-Laden, in dem man u. a. Liebhaberalben aller bekannten Petersburger Rockbands (s. S. 12) findet. Kleine Auswahl sowjetischer Filme.

79 [F6] **Otkryty Mir,** Newskij Pr. 32, Metro: Newskij Pr., http://cd-classic.ru, tägl. 10–22 Uhr. Auf klassische Musik spezialisierter CD-Laden. Alle Meister der russischen Musik sind hier zu fin-

Geschmackssache: Schoko-Lenin im Jelissejew-Feinkostladen 17

055sp Abb.: blj

den, auch alle Aufnahmen des Mariinsky Label (http://mariinskylabel.com), das seit 2009 die Konzertaufnahmen des Theaters vertreibt. Jazz und World Music bereichern das Sortiment. Zum Eingang geht es durch den Torborgen links von der Katharinenkirche.

Souvenirs

80 Kaiserliche Porzellanmanufaktur (Императорский фарфоровый завод) (1), Pr. Obuchowskoj Oborony 151, Metro: Lomonosowskaja, www.ipmshop.com, tägl. 10–20 Uhr. Die Manufaktur wurde 1744 gegründet und fertigte ihr edles Geschirr fast ausschließlich für den Zarenhof. Die Bolschewiki verstaatlichten den Betrieb als Lomonossow-Manufaktur. Heute ist er wieder in privaten Händen und produziert unter altem Namen. Markenzeichen sind die kobaltblauen Netzmuster, die erstmals bei Katharina II. auftauchten. Betriebsbesichtigungen nach Absprache möglich (s. Website). Zahllose Filialen entlang des Neswkij Pr. und im Zentrum, z. B.:

81 [F6] **Kaiserliche Porzellanmanufaktur (Императорский фарфоровый завод) (2),** Newskij Pr. 60, tägl. 10–22 Uhr

82 [F6] **Kaiserliche Porzellanmanufaktur (Императорский фарфоровый завод) (3),** Bol. Konjuschennaja 10, tägl. 10–21 Uhr

83 [G5] **Nado she!,** Litejnyj Pr. 19, Metro: Tschernyschewskaja, https://vk.com/nadojespb, Mo.–Sa. 11–21, So. 12–22 Uhr. Der etwas andere Souvenirladen: Надо же bedeutet übersetzt „Nein, so was!“ und dieser überrascht-entzückte Ausruf dürfte so manchem Besucher entfahren angesichts der fantasievoll-abgefahren-verschrobenen Umdeutung traditioneller Souvenirs (Teller und Tassen, Kleidungsstücke, Poster, Püppchen, Wandhänger, Krimskrams u. v. m). Eingang über die chinesische Gartenanlage.

84 [F6] **Onegin Art Gallery,** Italjanskaja Ul. 11, Metro: Newskij Pr., www.onegin-gallery.com, tägl. 9–21 Uhr. Souvenirs für jeden Geschmack: Gemälde, Matrjoschkas, Bernstein, traditionelle Lackmalerei (auf Holzkistchen, Tabletts usw.), Sowjet-Memorabilia etc.

85 [E6] **Yakhont,** Bol. Morskaja 24, Metro: Admiraltejskaja, www.juvelirtorg.spb.ru, geöffnet: tägl. 11–20 Uhr. In dem Laden befand sich einst Fabergés Petersburger Hauptgeschäft. Heute verkauft hier Yakhont hochwertigen Schmuck russischer Juweliere in der Tradition des Meisters. Die obligatorischen Eier gibt es auch: teuer, aber sicher näher dran am Original als die Fernost-Imitate, die allenthalben als Souvenirs angeboten werden.

Alternative Einkaufsmöglichkeiten

86 [F7] **Apraksin-Markt,** Ul. Sadowaja 28–30, Metro: Gostinyj Dwor, http://apraksinmarket.ru, Di.–So. 10–18 Uhr. Eine Stadt in der Stadt ist dieser historische Markt, der locker als Filmkulisse für Dostojewskijs „Schuld und Sühne“ dienen könnte. Hinter dem Hauptgebäude mit seinem Arkadengang öffnet sich ein riesiges, heruntergekommenes Hofgelände mit kleinen Gassen und Häuschen. Vornehmlich zentralasi-

EXTRAINFO

Markenware?

Wie in so vielen Ländern ist es auch in Russland möglich, dass man beim Shoppen an **gefälschte Markenware** gerät. Mit Blick auf die Einfuhrbestimmungen des eigenen Heimatlandes (s. S. 108) sollte man sich im Zweifel gegen einen Kauf entscheiden.

atische Händler verkaufen in kleinen Läden Billigkleider, -schuhe und Piratenware. Der Stadtverwaltung ist der Apraksin ein Dorn im Auge. Eigentlich sollte er längst verschwunden und durch eine moderne Mall ersetzt worden sein. Bislang ist aber nicht allzu viel passiert. So ist der Markt – vorläufig noch – Einkaufsort der weniger betuchten Petersburger und ein aus der Zeit gefallener Anachronismus im glitzernden Stadtzentrum.

› **Loft Project Etagi** (s. S. 66), Läden Mo.–Fr. 12–21 Uhr. Nachdem das großartige Taiga im Herbst 2017 urplötzlich schließen musste (der Mietvertrag wurde von heute auf morgen nicht verlängert ...), verbleibt zum Glück noch das nicht minder unkonventionelle Etagi als kreativer Gegenentwurf zur Petersburger Konsumwelt. Dic fünf Etagen der ehemaligen Brotfabrik beherbergen auf über 3000 m² Ausstellungen zeitgenössischer Kunst, zwei Galerien, zahllose kleine Secondhandläden, Cafés und neuerdings auch Streetfoodstände, ein Mini Hostel u. v. m. Auch zahlreiche kulturelle Veranstaltungen, Workshops für Kinder und Events jeglicher Art (vom „Garage-Sale" über winterliche Glühweinpartys bis zur Haustieradoption) steigen regelmäßig im Etagi (je nach Event wird ggf. ein Eintritt von etwa 100 Rub fällig). Eingang über die Plastiktür gleich links neben dem meist verschlossenen schwarzen Haupttor, dann quer über den Hof.

87 Udelnaja-Flohmarkt, Metro: Udelnaja, Sa./So., 9–17 Uhr. Die großen Tage des berühmtesten russischen Flohmarkts sind wohl gezählt. Wer geduldig sucht, wird auf dem riesigen Freiluftmarkt vielleicht noch das eine oder andere Fundstück unter den Massen an Krimskrams und Schrott ausfindig machen. Generell ist der Markt eher ein Handelsplatz der ökonomisch schlechter gestellten Petersburger. Beim Metroausgang rechts halten, Bahngleise überqueren, rechts halten, sich durch die Verkaufsstände mit Billigwaren durchschlagen, dann gelangt man auf das Gelände des Flohmarkts.

St. Petersburg zum Träumen und Entspannen

Der sehr starke Autoverkehr und die drängenden und drängelnden Menschenmassen, die vor allem den Newskij bevölkern, können die Nerven sensiblerer Naturen mitunter reizen – in diesem Fall empfiehlt es sich, Lärm und Gedränge schnellstmöglich zu entfliehen und dem angegriffenen Geist wieder etwas Ruhe zu gönnen. Glücklicherweise gibt es selbst direkt am Newskij wundervolle Platzanlagen wie den **Platz der Künste** vor dem Russischen Museum 16 oder ausgedehntere Ruhezonen wie den **Alexandergarten** vor der Admiralität 3, wo sich auf einer Parkbank jederzeit eine kleine Rast einlegen lässt.

Die größte zusammenhängende Grünfläche im Zentrum bilden **Marsfeld** 9, **Sommergarten** 10 und **Michaelsgarten** 12 – Ersteres verwandelt sich mit den ersten Sonnenstrahlen des Frühlings in eine riesige, fliederduftende Liegewiese, die beiden historischen Gartenanlagen sind außerhalb der Hauptsaison zweifellos die zauberhaftesten Erholungsorte der Stadt, werden aber leider während derselben von vielen Touristen aufgesucht, sodass sich die gewünschte Erholung bei dem ei-

017sp Abb.: sas

nen oder anderen trotz der überaus erbaulichen Umgebung immer noch nicht einstellen mag.

In diesem Fall bleibt nur die Flucht ans Wasser:

- Manch einer wird bei einem ausgedehnten Spaziergang entlang der abgelegeneren Bereiche der Mojka oder der Fontanka ins Träumen geraten.
- Petersburger zieht es auf die **Haseninsel,** wo rund um die Peter-Paul-Festung 31 auf dem Rasen gelegen, am Newa-Ufer gesessen oder gar im Fluss geschwommen wird (nicht zur Nachahmung empfohlen, die Newa ist stark verschmutzt!).
- Wer etwas länger in der Stadt ist, kann wochentags einen Rundgang über die kleine **Elagin-Insel** (s. S. 88) in Erwägung ziehen. Ein hübsches, von Carlo Rossi entworfenes Palais, der Schlosspark, der sich über die ganze Insel erstreckt und viel Wasser lassen die Großstadt weit weg erscheinen. Sogar Ruderboote können gemietet werden. Kein Auto stört das Idyll. Nördlich der Insel – auf der anderen Seite des allerdings wenig beschaulichen Primorskij Prospekt – liegt als weiterer kontemplativer Ort der älteste buddhistische Tempel der Stadt, der wundervolle **Dazan Gunsetschojnej** aus dem Jahr 1915. Sein Architekt, Gawriil Baranowskij, schuf auch den Jelissejew-Feinkostladen 17.

Verschnaufpause im kleinen Park vor der Kasaner Kathedrale 21

EXTRATIPP

Das Refugium

Einer jener Orte, den man gerne mit nach Hause nehmen würde, ist die riesige **Dachterrasse des Green Room Cafés im Etagi** (s. S. 74), ein seltenes Refugium und eine Oase der Ruhe in der riesigen Stadt. Zwischen Skulpturen exotischer Vögel sitzt man an Tischen aus alten Kabeltrommeln und vergisst nach einer Weile allen Großstadtlärm und all die Kilometer, die man in den müden Beinen hat …

Einst von den Bolschewiki geschlossen, dient die kleine Tempelanlage heute wieder als buddhistisches Kloster. Es ist offen für jedermann. Die Besucher können den Mönchen auch bei ihren Zeremonien im Tempelraum zusehen.

★**88** [B1] **Elagin-Insel,** Metro: Krestowskij Ostrow, http://elaginpark.org, tägl. 6–23 Uhr, Eintritt: Sa./So. 70 Rub, sonst frei.

★**89** [A1] **Dazan Gunsetschojnej,** Primorskij Pr. 91, Metro: Krestowskij Ostrow, Staraja Derewnaja, http://dazan.spb.ru, 10–19 Uhr, geschl.: Mi., Eintritt frei (5 Rub für Schuhüberzieher, um den Tempel zu betreten).

★**90** [D7] **Neu-Holland,** Nab. Admiraltejskogo Kanala 2, Metro: Admiraltejskaja, dann ca. 20 Min. zu Fuß, alternativ Bus 3 oder 27 vom Newskij Pr., www.newhollandsp.ru, Mo.–Do 10.30–22, Fr.–So. 10.30–23 Uhr, Eintritt frei. Umflossen von den Wassern der Mojka, des Admiralitäts- und des Krjukow-Kanals ist die markant dreiecksförmige Insel Neu-Holland seit Sommer 2016 die neueste (und sicher aktuell interessanteste) Attraktion für alle Erholungsbedürftigen in der Stadt. Das in den 1990er-Jahren vom Militär verlassene und seitdem schauerlich-morbide verfallene Areal wurde mit Geldern Roman Abramowitschs aufwendig restauriert und beherbergt nun einen Erholungskomplex, der am einstigen Militärstandort Kunst, Kultur und Entspannung zu vereinen sucht: Es gibt Liegewiesen, tolle Spielmöglichkeiten für Kinder (Highlight: das riesige hölzerne Spielschiff), einen Kräutergarten, eine Outdoor-Bühne für Musik- und Theaterveranstaltungen, ein gemütliches Restaurant in der historischen Gießerei u. v. m., weitere Projekte sind noch in der Pipeline. Seinen Namen erhielt Neu-Holland übrigens in der ersten Hälfte des 18. Jh. – jeder wird unschwer erkennen, warum. Der Komplex wurde im niederländischen Backsteinstil errichtet.

Zur richtigen Zeit am richtigen Ort

Traditionelle Feste

Der russische Fest- und Feiertagskalender präsentiert sich als eine seltene Mixtur orthodoxer und sowjetischer Traditionen und Feierlichkeiten.

› 31. Dezember/1. Januar: Zu **Neujahr** erstrahlt die Stadt in festlichem Glanz. Silvester übrigens – und nicht an Weihnachten – bringt Väterchen Frost gemeinsam mit seiner Helferin Snegurotschka den Kindern Geschenke. Eine Tradition, die noch aus Sowjetzeiten stammt, als das christliche Weihnachten durch das Neujahrsfest ersetzt werden sollte. Um Mitternacht zieht es alle auf die winterlichen Straßen, um anzustoßen und die Feuerwerke zu beobachten.

› 6./7. Januar: Das Datum des **orthodoxen Weihnachten** berechnet sich nach dem alten julianischen Kalender. Dieser wurde 1918 von den Bolschewiki durch den gregorianischen Kalender ersetzt, findet in der orthodoxen Kirche aber bis heute Verwendung. Da die Bolschewiki nicht nur den alten Kalender, sondern auch gleich das Weihnachtsfest abschafften, ist der 1. Weihnachtstag erst seit 1991 wieder offizieller Feiertag. Sobald der erste Stern am Himmel steht, werden am Heiligen Abend (6.1.) im Kreise der Familie die Weihnachtsspeisen verzehrt. In traditionell feiernden Familien sollten diese aus zwölf fleischlosen Speisen bestehen, die die Apostel repräsentieren. *Sotschiwo,* ein gesüßtes Getreidegericht, gehört aber auch bei weniger strikten Familien unbedingt dazu. Um Mitternacht beginnt die traditionelle Weihnachtsmesse.

› Auch die orthodoxe Version des Karnevals, die **Masleniza** (Butterwoche), welche die bevorstehende Fastenzeit einleitet und zugleich eine Verabschiedung vom langen Winter ist, wird wieder im ganzen Land gefeiert. Zeitlich fällt sie auf Ende Februar oder Anfang März. Traditionell ernährt man sich in dieser Woche fast nur von den „kleinen Sonnen", den **Bliny** (Pfannkuchen), die wegen ihrer sonnenähnlichen Farbe und Form als Frühlingsbringer gelten. Ein großes Volksfest steigt dann z. B. in der Peter-Paul-Festung 31.

- Das **orthodoxe Osterfest** richtet sich ebenfalls nach dem julianischen Kalender. Im Mittelpunkt steht die Ostermesse, die den größten Teil der Nacht zum Ostersonntag in Anspruch nimmt. Punkt Mitternacht läuten die Glocken und die Popen führen die Gläubigen in einer feierlichen Prozession dreimal um die Kirche. Bei reichlich Weihrauch, Kerzenlicht und liturgischen Gesängen zieht sich der Gottesdienst bis in die frühen Morgenstunden. Die frohe Botschaft *Christos Woskres*, Christus ist auferstanden, wird während der Feiertage zur allgemeinen Grußformel. Der Ostersonntag fällt 2018 auf den 8. April, 2019 auf den 28. April.
- 9. Mai: Der wichtigste sowjetische Feiertag, der **Tag des Sieges** über Nazi-Deutschland, wird nach wie vor mit einer gigantischen Militärparade auf dem Schlossplatz 1 gefeiert, gefolgt von einem großen abendlichen Feuerwerk über der Newa. Gedacht wird der 27 Mio. sowjetischen Kriegsopfer. Bis heute hat dieser Tag nichts an seiner identitätsstiftenden Wirkung für die russische Gesellschaft eingebüßt und bleibt der zentrale Feiertag des Jahres, Millionen (!) Menschen füllen die Petersburger Innenstadt. Ein Bekannter des Autors ist an diesem Tag beim Telefonieren auf Deutsch wüst angefeindet worden – eine gewisse Umsicht beim öffentlichen Gebrauch der deutschen Sprache ist an diesem Tag also sicher nicht vekehrt.
- 27. Mai: Petersburg feiert seinen Geburtstag, den **Tag der Stadtgründung**, mit einer Parade auf dem Newskij und vielen Konzerten. In der Stadt herrscht Volksfeststimmung.
- Ende Juni: Das **Ende des Schuljahres** ist in Petersburg eines der gewaltigsten Feste des Jahres, das Millionen Feierlustige auf die Straßen treibt. Ein Feuerwerk, Open-Air-Konzerte und die traditionelle Newa-Fahrt einer historischen Fregatte mit purpurnen Segeln sind Teil des Spektakels.

EXTRATIPP

Die Weißen Nächte (Белые ночи)

Petersburgs nördliche Lage beschert der Stadt alljährlich ein **berauschendes Naturschauspiel:** die Weißen Nächte zur Mitsommerzeit. Für den Zeitraum von knapp zwei Monaten (Ende Mai bis Mitte Juli) ist die Grenze zwischen Nacht und Tag wie aufgehoben. Dunkel wird es nicht mehr in der Stadt, stattdessen schimmern die Nächte in einem hellen, silbern-purpurnen Glanz. Nur wer einmal einen düsteren Petersburger Winter durchlebt hat, vermag zu verstehen, was diese Überfülle an Licht für die Bewohner der Stadt bedeutet: Eine Art euphorischer Taumel ergreift die Menschen, bis früh in den Morgen wird flaniert, gefeiert und an der Newa bei Volkfeststimmung das Öffnen und Schließen der Zugbrücken bestaunt.

Und als wären taghelle Nächte für sich nicht schon Ereignis genug, werden die Weißen Nächte auch zur Kulisse für die hochkarätigsten Petersburger Festivals. Als längste und hellste Nacht gilt die Nacht des 21. Juni. Wer die unwirkliche Atmosphäre und das einmalige Spektaktel der Weißen Nächte als Tourist erleben möchte, der sollte sich aber auf **Menschenmassen** einstellen – und früh buchen!

Gesetzliche Feiertage

- 1. Januar: **Neujahr**
- 7. Januar: **Orthodoxes Weihnachten**
- 23. Februar: **Tag der Vaterlandsverteidiger**
- 8. März: **Internationaler Frauentag**
- 1. Mai: **Tag des Frühlings und der Arbeit**
- 9. Mai: **Tag des Sieges**
- 12. Juni: **Tag der Unabhängigkeit (Russland-Tag)**
- 4. November: **Tag der nationalen Einheit**

Festivals

In Petersburg steigen das ganze Jahr über zahllose größere und kleinere Festivals. Alle aktuellen Veranstaltungen (Konzerte, Ausstellungen, Festivals usw.) finden sich auf www.spbculture.ru/en oder auf http://billboard.spb.ru. Hier nur eine kurze Auswahl:

- **Stars of the White Nights:** Von Ende Mai bis Ende Juli folgen die nationalen und internationalen Granden der klassischen Musikwelt (Oper, Ballett, Klassik) der Einladung des Mariinskij-Theaters 41 zum renommiertesten Festival der Stadt (www.mariinsky.ru).
- **Musical Olympus Festival:** Klassisches Musikfestival mit hochkarätigen, bereits prämierten internationalen Nachwuchsmusikern. Zeitraum: Ende Mai/Anfang Juni (www.musicalolympus.ru).
- **Festival der Festivals:** Ende Juni steigt Petersburgs größtes Filmfestival. Gezeigt werden die besten internationalen und russischen Filme des laufenden Jahres (www.filmfest.ru).
- **Dostojewskij-Tage:** Immer am ersten Samstag im Juli ehren die Petersburger ihren großen Schriftsteller mit Lesungen, Theateraufführungen, Straßenperformances u. Ä.
- **Petro Jazz Festival:** Dreitägiges internationales Jazz Festival im Juli, gespielt wird Open Air in der Peter-Paul-Festung (http://petrojazz.ru).
- **Open Cinema:** Kurz- und Zeichentrickfilme werden unter freiem Himmel auf dem Gelände der Peter-Paul-Festung 31 gezeigt. Zeitraum: August (www.facebook.com/opencinemafest).
- **Message-to-Man-Filmfestival:** internationale Dokumentar-, Kurz- und Zeichentrickfilme, zu sehen im September (http://message2man.com/en).
- **SKIF-Festival:** Das dem genialen Experimentalmusiker Sergej Kurjochin (1954–1996) gewidmete Festival ist das vielleicht aufregendste der Stadt. Es findet seit 1998 in Petersburg statt und bringt gegen Ende September Musiker verschiedenster Stilrichtungen, Multimediakünstler, DJs, Theatermacher, Fotografen und andere Kunstschaffende zusammen (www.kuryokhin.net). Da das Kurjochin-Zentrum gegenwärtig renoviert wird, ist der derzeitige Veranstaltungsort die neue Bühne des Aleksandrinskij-Theaters (s. S. 79).
- **Petersburg Fashion Week:** Im Oktober stellen russische Designer ihre neuen Kollektionen vor (http://spbfashionweek.com).
- **Arts Square Winter Festival:** *Das* musikalische Ereignis im Winter, gewissermaßen das weihnachtliche Pendant zum Stars of the White Nights. Oper, Ballett und Klassik mit den ersten Bühnen der Stadt als Spielstätten (www.philharmonia.spb.ru). Zeitraum: Mitte Dezember bis Anfang Januar.

ST. PETERSBURG VERSTEHEN

019sp Abb.: blj

Das Antlitz St. Petersburgs

Nur wenige Städte dieser Welt vermögen einen ähnlich tiefen Eindruck beim Besucher zu hinterlassen wie St. Petersburg. Was 1703 als militärische Festungsanlage auf der winzigen Haseninsel begann, wurde in atemberaubender Geschwindigkeit zu **einer der** in architektonischer Hinsicht **eindrucksvollsten Städte Europas.**

Aufgrund der seit Peter I. stets westlich orientierten Zaren hat Petersburgs Erscheinungsbild so gar nichts „Russisches": In der Gründungsphase dominierten der **Früh- und Spätbarock** Trezzinis und Rastrellis. Unter Katharina der Großen bekam Petersburg dann ein strengeres, **klassizistisches Gesicht:** Quarenghi und vor allem Carlo Rossi schufen Bauten, die den Charakter Petersburgs bis heute entscheidend prägen. Zu Beginn des 20. Jh. versetzte die pulsierende Eleganz des Jugendstils die Gemüter konservativerer Geister in Aufruhr: Herausragende Zeugnisse der **„Petersburger Moderne"** finden sich z. B. entlang des Newskij Prospekts, am Isaaksplatz 6 und der Bol. Morskaja Ul. [D7–E6], vor allem aber auch auf der Petersburger Seite, wo der Kamennoostrowskij Prospekt 35 zum Experimentierfeld der Avantgarde-Architekten wurde. Der Petersburger Jugendstil ist freilich zumeist ein „nordischer" – oft sehr dezent und in seiner Ausschmückung fast unterkühlt. Auch Zeugnisse des Ende des 19. Jh. populär werdenden **neorussischen Stils** finden sich hier und dort eingestreut – sie wirken allerdings wie Fremdkörper im durch und durch „europäischen" Antlitz der Stadt.

Die ambitionierteste Magistrale **sozialistischer Architektur** ist der Moskowskij Prospekt [E7–9] – der sozialistische Gegenentwurf zum „kapitalistischen" Newskij. Gewaltigster Bau an der Trasse nach Moskau ist Noi Trotzkis „Haus des Sowjets" am Moskauer Platz, 1936–1941 errichtet.

Geografisch betrachtet erstreckt sich Petersburg über das linke und rechte Newa-Ufer und eine Reihe größerer und kleinerer Inseln im Flussdelta. Die insgesamt nur 74 km lange Newa fließt vom Ladogasee kommend bei Petersburg in die Ostsee. Die Nähe zum Wasser war zugleich Fluch und Segen: Immer wieder ver-

◁ *Vorseite: Die schier endlose Arkade des Gostinyj Dwor 23*

wüsteten verheerende Hochwasser die fast direkt auf Meerespiegelhöhe gelegene Stadt. Neben der Newa prägen vor allem zwei ihrer Nebenflüsse – die **Fontanka** und die **Mojka** – und der bereits 1739 angelegte **Griboedow-Kanal** das historische Stadtzentrum. In erster Linie diesen beschaulich-verträumten Wasserläufen verdankt die Stadt ihren klangvollen Beinamen „Nördliches Venedig".

Touristisch interessant sind vor allem die auf dem Festland am linken Newa-Ufer gelegene **Admiralitätsseite mit der Admiralität** 3, **dem Winterpalast** 2 **und dem Newskij Prospekt** und kleine Abschnitte der beiden gegenüber im Delta gelegenen Inseln. Die **Wassilij-Insel** (s. S. 47) beherbergt die **Kunstkammer** 37 und den berühmten **Börsenplatz** [E5], auf der **Petersburger Seite** findet sich die **Peter-Paul-Festung** 31, auch der **Panzerkreuzer Aurora** (s. S. 45) liegt dort vor Anker. Auf diese Bereiche konzentriert sich auch nahezu der gesamte Tourismus. Schon im Zentrum der Wassilij-Insel wird man eher selten auf Touristen stoßen, ganz zu schweigen von der auf der rechten Newa-Seite gelegenen **Wyborger Seite.** Der historische Industrie- und Arbeiterbezirk ist aber gut für spannende Entdeckungen, wenn man denn länger in der Stadt weilt. Über den Finnischen Bahnhof (Finljandskij Woksal) [G3] etwa kehrte Lenin nach seinem Exil in die Stadt zurück. Gleiches gilt für **Kronstadt** auf der Insel Kotlin: Die weit im Finnischen Meerbusen gelegene alte Festungsstadt ist der peripherste, noch offiziell zur Stadt zählende Rajon (Stadtbezirk) Petersburgs.

Eine zentrale Zäsur bei der **„Wiedergeburt" Petersburgs** nach den Jahrzehnten der Vernachlässigung war der 300-jährige Stadtgeburtstag im Jahre 2003. Präsident Putin, selbst gebürtiger Petersburger, machte das Jubiläum zu seiner Herzenssache: Viel Geld floss in die Aufhübschung des historischen Zentrums. Seitdem schreitet die Sanierung stetig voran: Irgendein Baudenkmal ist eigentlich immer eingerüstet. Gleichwohl wird auch in alarmierender Geschwindigkeit historische Bausubstanz vernichtet, meist um Shoppingzentren oder Ähnlichem Platz zu machen. Ein Blick auf die – vornehmlich russischsprachige – Website der **NGO „Schiwoj Gorod"** („Lebende Stadt") zeigt, was diesbezüglich vor sich geht (www.save-spb.ru).

Stadtpanorama

Von den Anfängen bis zur Gegenwart

St. Petersburg erstand buchstäblich aus dem Nichts. Die visionäre Idee zur Stadtgründung hatte Peter I. (1672–1725), der große Reformer des Russischen Reiches. Peter war von Jugend an von der Seefahrt begeistert, einen russischen Ostseezugang sah er als unabdingbar für die weitere Entwicklung seines Reiches an. Diesen eroberte er 1703 zum Auftakt des **„Großen Nordischen Krieges“** von Schweden, der bis dato dominierenden Großmacht im Ostseeraum. Im Mündungsdelta der Newa, einem der abgelegensten Winkel des Landes, begannen auf sumpfigem Grund die Bauarbeiten an einer Festungsanlage, die das Land vor den Schweden sichern sollte.

Schnell wurde die Neugründung jedoch mehr als nur ein Militärhafen. Nur knapp zehn Jahre nach Baubeginn wurde **„Sankt Piter Burch“** (Peter liebte alles Niederländische), im Volksmund kurz „Piter“ genannt, zur neuen Hauptstadt ernannt. Die berühmtesten europäischen Baumeister wirkten mit am Bau der Idealstadt, die sich wie eine Fata Morgana aus den Sümpfen zu erheben begann.

Auch die Westorientierung und Modernisierung des Reiches verordnete der Zar am Reißbrett.

Bis Mitte des 19. Jh. war Petersburg die prachtvolle Residenzstadt eines immer mächtiger werdenden Imperiums – dann fand die starre Autokratie immer weniger Antworten auf die Herausforderungen der beginnenden Moderne.

1917 schließlich ging das alte Petersburg unter, in jenen „10 Tagen, die die Welt erschütterten“ (John Reed). Die Bolschewiki benannten die Stadt in Leningrad um: Emigration, Terror, und nicht zuletzt die deutsche Blockade mit ihrem unendlich hohen Blutzoll, veränderten die Identität der Stadt entscheidend.

Erst das Ende der Sowjetunion machte die Wiederbesinnung auf das alte, vorrevolutionäre Petersburg wieder möglich – Leningrad ist Geschichte, heute sagt jeder Petersburger wieder „Piter“ zu seiner Stadt.

1682 Peter I. wird russischer Zar.

1697/98 Peter bereist im Zuge der „Großen Gesandschaft“ das westliche Europa, u. a. Preußen, Holland und England. Er verfolgt diplomatische Ziele, möchte sich aber auch Anregungen für die Modernisierung und Verwestlichung seines rückständigen Reiches holen.

1700 Beginn des Großen Nordischen Krieges zwischen Schweden und dem Russischen Reich um die Vorherrschaft im Ostseeraum

1703 Am 16. Mai wird der Grundstein für die Peter-Paul-Festung 31 auf der Haseninsel gelegt, einige Monate später beginnt der Bau einer Werft, der Admiralität 3. Peter tauft die werdende Stadt *Sankt Piter Burch* – nach seinem Namenspatron, dem Heiligen Petrus. Bis zum heutigen Tage nennen die Petersburger ihre Stadt liebevoll „Piter“.

1703–1728 In den ersten 25 Jahren entstehen Bauten wie das Menschikow-Palais 38, der Sommerpalast 10, die Kunstkammer 37, die Zwölf Kollegien und das Newskij-Kloster 43. Zehntausende Leibeigene und Kriegsgefangene arbeiten unter grauenhaften Bedingungen auf den Baustellen der Stadt, die Sterblichkeit unter den Arbeitern ist enorm.

1709 Peter triumphiert über die Schweden in der Schlacht bei Poltawa (Ukraine). Die schwedisch-ukrainische Allianz wird vernichtend geschlagen. Die Schlacht markiert die Wende im Kriegsverlauf.

1712 Peter befiehlt, Hof und Regierungsbehörden von Moskau nach Petersburg zu verlegen.

1714 Inspiriert von seinem Besuch in Versailles, veranlasst Peter die Bauarbeiten an seiner Sommerresidenz Peterhof 48.

1725 Tod Peters. Seine Frau Katharina I. wird Zarin. Einweihung der Akademie der Wissenschaften. Petersburg wird nun auch Zentrum der modernen russischen Wissenschaft. Herausragende Gelehrte aus dem europäischen Ausland – z. B. Leonhard Euler – zieht es an die Newa. Die Stadt hat bereits 40.000 Einwohner.

1727 Peter II. verlegt die Hauptstadt zurück ins „heilige" Moskau. Das gewaltige Projekt „Petersburg" und die Zukunft der Stadt stehen auf der Kippe.

1732 Die neue Zarin Anna etabliert Petersburg erneut als Hauptstadt, Petersburgs „zweite Geburt" beginnt. In Annas Regentschaft fällt u. a. die Gründung der Hochschule für Tanz und Ballett – Geburtsort des russischen Balletts.

1737 Nach einem verheerenden Stadtbrand erfolgt eine Abwendung von den alten Bebauungsplänen, die noch die Wassilij-Insel als Stadtzentrum vorsahen. Pjotr Jeropkin rückt die Admiralitätsseite ins Zentrum und entwickelt eine systematische, durch Magistralen strukturierte Planung mit dem Newskij Prospekt als zentraler Achse.

1750 Petersburg hat 95.000 Einwohner.

1754 Unter Zarin Elisabeth beginnt Rastrelli die Arbeit am vierten, dem heutigen Winterpalast 2.

1757 Gründung der Akademie der Künste

1762 Nach einem Coup d'Etat wird Katharina II. – „die Große" genannt – neue Zarin. Ihr Mann, Peter III., wird verhaftet und später ermordet.

1764 Katharina erwirbt ihre erste Gemäldesammlung, Beginn einer lebenslangen Sammelleidenschaft und Geburtsstunde der Sammlung der heutigen Eremitage 2.

1782 Enthüllung des „Ehernen Reiters" 4, des Reiterstandbilds Peters des Großen, im Beisein Katharinas.

1783 Das „Große Theater", heute als Mariinskij-Theater 41 weltbekannt, nimmt seinen Spielbetrieb auf.

1801 Verschwörer ermorden Zar Paul I. im neu gebauten Michaelsschloss 12. Sein Sohn Alexander, der in das Komplott eingeweiht war, wird neuer Zar.

1812 Ende Juni marschiert Napoleon mit seiner *Grande Armée* in Russland ein. Beginn des „Vaterländischen Krieges". Im September brennt das besetzte Moskau.

1824 Tausende Petersburger ertrinken bei einem verheerenden Newa-Hochwasser. Die Katastrophe inspiriert Puschkin zu seinem Gedicht „Der eherne Reiter" (s. S. 18).

1825 Dekabristenaufstand: Progressive adlige Offiziere und ein Garderegiment verweigern auf dem Senatsplatz den Eid auf den neuen Zaren Nikolaus I. – dieser lässt auf die Meuternden schießen. Die adligen Anführer der Revolte werden nach Sibirien verbannt, einige hingerichtet. Der gescheiterte Aufstand findet gewaltigen Widerhall in der russischen Intelligenzija, wird Anknüpfungspunkt aller späteren reformorientierten und revolutionären Bewegungen. Als Reaktion auf den Aufstand gründet Nikolaus die „Dritte Sektion". Dies markiert die Geburtsstunde der russischen Geheimpolizei.

1843 Beginn des Baus der Eisenbahnlinie St. Petersburg-Moskau

1848 Nach 40 Jahren Bauzeit wird die Isaakskathedrale 5 fertiggestellt.

1861 Aufhebung der Leibeigenschaft durch Alexander II. mit bedeutenden Folgen für die Stadt: Der Zuzug nach Petersburg vom Land steigt, soziale Probleme verschärfen sich, die industrielle Entwicklung wird beschleunigt.

1881 Linksradikale Attentäter ermorden Zar Alexander II. auf offener Straße. Sein Sohn und Nachfolger, Zar Alexander III., lässt am Tatort eine Gedächtniskirche, die Bluterlöserkirche 15, im russischen Stil erbauen. Sie ist ein sichtbares Zeichen der Wiederbesinnung auf das reformfeindliche, moskowitische Erbe.

1894 Nikolaus II., der letzte russische Zar, besteigt den Thron. Aus diesem Anlass schenkt er seiner Frau ein Fabergé-Ei, das heute als das wertvollste aus der Schmiede des Juweliers gilt 18. Als Zar erweist sich Nikolaus überfordert. Er ist radikal auf die Wahrung seines autokratischen Herrschaftsanspruchs bedacht.

1898 Eröffnung des Russischen Museums 16

1903 Petersburg feiert sein 200-jähriges Bestehen. Die Troizkij-Brücke wird eröffnet, durch die verbesserte Anbindung ans Stadtzentrum erlebt die Petersburger Seite einen Boom. Sie wird zur Spielwiese der avantgardistischen Architekten der Petersburger Moderne.

1905 Der Petersburger Blutsonntag am 22. Januar bildet den Auftakt der ersten Russischen Revolution. Ein friedlicher Demonstrationszug unter Führung des orthodoxen Priesters Georgij Gapon wird am Winterpalast 2 durch Beschuss zarischer Truppen auseinandergesprengt. Revolutionäre Unruhen und von sozialistischen Arbeitern organisierte Streiks erfassen das Land. Die Einrichtung einer – letztlich machtlosen – Volksvertretung, der *Duma*, soll die Gemüter beruhigen. Davon abgesehen, wird den Aufständischen nicht mit Reformen entgegengekommen, die Revolution wird gewaltsam unterdrückt.

1913 Im festlich herausgeputzten Petersburg begehen die Romanows die 300-Jahr-Feier ihrer Dynastie.

Die Blockade Leningrads

Als die Rote Armee am 27.1.1944 den deutschen Belagerungsring endgültig zerschlägt, endet das erschütterndste Kapitel Petersburger Stadtgeschichte: die knapp 900 Tage dauernde Blockade durch die deutsche Wehrmacht. Vor allem im ersten Blockadewinter, dem grauenhaften und chaotischen „Todeswinter" 1941/42, erleiden die Menschen Unvorstellbares.

Anfang September 1941 schließt die Heeresgruppe Nord den Belagerungsring um die Stadt. Die deutschen Einheiten stehen im Süden, die mit ihnen verbündeten Finnen im Norden. Westlich und östlich bilden Ostsee und Ladogasee natürliche Barrieren. Die Ernährungslage ist bald katastrophal. Deutscher Artilleriebeschuss hat gezielt die Lagerhäuser zerstört, Leningrad ist von allen Versorgungswegen abgeschnitten. Die Verteidiger sind zudem miserabel vorbereitet. Der deutsche Überfall im Juni hat Stalin völlig überrascht, aus propagandistischen Gründen werden die Anfangserfolge und das schnelle Vorrücken der Wehrmacht verschwiegen. Es wird versäumt, die Verteidigung Leningrads zu organisieren, Bewohner zu evakuieren und Lebensmittelvorräte anzulegen. Ab Oktober beginnt das Hungern.

Der Winter 1941/42 ist extrem kalt. Bereits Mitte Oktober schneit es, die Temperaturen fallen später unter -40 °C. Selbst als durch das Zufrieren des Ladogasees ab Ende November die „Straße des Lebens" genannte Trasse über den See durch Laster befahrbar wird, kann die Stadt nur unzureichend mit Lebensmitteln versorgt werden. Die Menschen müssen essen, was noch zur Verfügung steht. Erst

Haustiere, dann Ratten und Krähen, schließlich alles irgendwie organischen Ursprungs: Baumrinde, Leder, Tapetenkleister. Strom und Heizungen fallen aus, Wasserleitungen gefrieren. In eisigen Wohnungen erfrieren und verhungern die Menschen. Es kommt zu Fällen von Kannibalismus. Allein dem ersten Blockadewinter fallen ca. 500.000 Menschen zum Opfer, insgesamt werden etwa 1 Mio. Leningrader die Blockade nicht überleben.

Ab 1942 startet die Rote Armee mehrere Angriffe auf den Blockadering. Allmählich „normalisiert" sich die Lage in der Stadt. Die städtische Infrastruktur funktioniert wieder besser, auch das kulturelle Leben – wesentlicher Anker im Überlebenskampf der Leningrader – entfaltet sich erneut. Im August 1942 wird in der belagerten Stadt Schostakowitschs 7. Sinfonie, die Leningrader Sinfonie, aufgeführt. Im Januar 1943 kann ein kleiner Landkorridor südlich des Ladogasees freigekämpft werden. Ab nun gleichen die Lebensmittelrationen wieder denen anderer sowjetischer Großstädte.

Petersburgs Identität wird durch die Blockade entscheidend geprägt. Von den 3 Mio. Petersburgern, die vor Kriegsbeginn in der Stadt lebten, verbleiben nach Kriegsende nur etwa 600.000. Die „Leningrader Affäre" markiert zudem eine radikale Zäsur im Gedenken an das furchtbare Ereignis. Vermutlich aus Furcht vor parteiinterner Konkurrenz durch „die Leningrader" holt Stalin 1949 zu einem fürchterlichen Schlag gegen die Parteiführung der Stadt aus: Sie hatte während der Blockade relativ autonom von Moskau operiert und durch die Verteidigung der Stadt zudem enorme Popularität erworben. Eine Reihe zentraler Persönlichkeiten wird erschossen. Im Zuge der Kampagne wird auch das Gedenken an die Blockade unterdrückt – selbst das Blockade-Museum (s. S. 65) lässt Stalin schließen. Auch nach Stalin bleibt die sowjetische Erinnerung an die Blockade schmerzhaft ambivalent – das Bild der grauenhaft Verhungernden verträgt sich nicht wirklich mit der propagandistisch aufgeladenen Version des heldenhaft gegen den Faschismus kämpfenden Sowjetbürgers.

Literaturtipps

- *Anna Reid: Blokada,* ***Die Belagerung von Leningrad: 1941–1944,*** *Berlin 2011*
- *Lena Muchina,* ***Lenas Tagebuch,*** *Berlin 2014*

Das Blockade-Denkmal 47

1914 Beginn des Ersten Weltkriegs. Als Zeichen patriotischer Gesinnung wird der Stadtname russifiziert. Aus Petersburg wird „Petrograd".

1916 Ermordung Rasputins im Jusupow-Palais 40. Zuvor ist der charismatische Wanderprediger einer der engsten Vertrauten der Zarengattin geworden, die sich von Rasputin eine heilsame Wirkung auf ihren bluterkranken Sohn, Zarewitsch Aleksej, erhofft. Rasputins Wirken am Hof wird von der adeligen Elite misstrauisch beäugt und skandalisiert.

1917 Gleich zwei Revolutionen erschüttern Petrograd: Die Februarrevolution, die zum Ende der Zarenherrschaft führen wird, beginnt mit großen Streiks und Hungerdemonstrationen am 8. März (23. Februar nach dem jul. Kalender) – dem internationalen Frauentag. Am Folgetag ziehen bereits 150.000 Arbeiter von ihren Werken ins Stadtzentrum, auf dem Newskij Prospekt schließen sich Studenten und Angestellte an. Am 11. März erlebt Petersburg seinen „zweiten Blutsonntag". Auf dem Newskij und vor allem dem Snamenskaja-Platz (heute: Pl. Wosstania) [H6] werden die Demonstranten beschossen. Es kommt zu vielen Toten. Schockiert von den Ereignissen wechseln viele in der Stadt stationierte Soldaten – mehrheitlich Rekruten oder eingezogene Reservisten – die Seite. Die Macht liegt bei den Aufständischen: Bereits am 15. März dankt Nikolaus ab. Es folgt eine Phase der „Doppelherrschaft": Ein Duma-Komitee bildet eine provisorische Regierung, zeitgleich bildet sich ein Rat („Sowjet") der Arbeiter- und Soldatendeputierten. Eine verfassunggebende Versammlung soll schnellstmöglich über die künftige Staatsform entscheiden. Die Oktoberrevolution kommt dem zuvor. Am Abend des 7. November (25. Oktober nach jul. Kalender) nehmen die Bolschewiki den Winterpalast ein, in dem sich die provisorische Regierung verschanzt hat, und verhaften die Minister. Dies geschieht nahezu widerstandslos und fast ohne Blutvergießen – die „Große Oktoberrevolution" ist ein von der Öffentlichkeit kaum wahrgenommener Staatsstreich ohne Massenbeteiligung.

1918 Friedensvertrag von Brest-Litowsk. Die Bolschewiki ermorden die zuvor bereits verbannte Zarenfamilie in Jekaterinburg.

1918–1922 Der russische Bürgerkrieg zwischen den Bolschewiki und der konterrevolutionären „Weißen Bewegung" fordert Millionen Todesopfer.

1921 Aufstand der Kronstädter Matrosen: Auf der vor Petersburg gelegenen Insel Kotlin meutern die sozialistischen Mat-

022sp Abb.: blj

rosen gegen den diktatorischen Kurs der Bolschewiki. Der Aufstand wird blutig niedergeschlagen. Die Macht der Bolschewiki ist weitgehend konsolidiert.

1924 Nach Lenins Tod wird die Stadt zu seinen Ehren in Leningrad umbenannt.

1931–1933 Politische Gefangene bauen unter brutalen Bedingungen den Weißmeer-Ostseekanal, der Petersburg mit der Barentssee verbindet.

1934 Ermordung des Chefs der Leningrader Kommunistischen Partei, Sergej Kirow, eines loyalen Stalinisten. Der Mord ist das Fanal für die von Stalin eingeleiteten „großen Säuberungen", einer beispiellosen Abrechnung mit innerparteilichen und politischen Gegnern. Die Hintergründe des Mordes sind bis heute unklar. Es gibt Vermutungen, Stalin habe ihn selbst in Auftrag gegeben.

1937 Jahr des „Großen Terrors". Die stalinistische Terrorwelle erreicht ihren Höhepunkt. Schätzungen zufolge werden 1937/1938 bis zu 1,2 Mio. Menschen vom Geheimdienst NKWD erschossen oder sterben an den Haftbedingungen.

1941–44 Im Juni überfällt die Wehrmacht die Sowjetunion. Von September 1941 bis Ende Januar 1944 ist Leningrad von der deutschen Wehrmacht eingeschlossen. Infolge der Blockade verhungern und erfrieren etwa eine Million Leningrader.

1949/1950 Leningrader Affäre: Stalin lässt führende Köpfe der Leningrader Kommunisten eliminieren, darunter den Bürgermeister der Stadt. Hunderte lokale Parteifunktionäre werden verhaftet.

1953 Tod Stalins

1955 Eröffnung der ersten Metrolinie. Diese führt vom Platz des Aufstands 30 zur Station „Awtowo".

Tscheka-Chef Dserschinskij, viele Aspekte der Geschichte harren noch der kritischen Aufarbeitung

1960 Feierliche Einweihung des Piskarjowskoe-Gedenkfriedhofs 46

1981 Im „Haus des Volkschaffens" wird der Leningrader Rockklub gegründet.

1988 Die Menschenrechtsorganisation Memorial wird gegründet. Sie widmet sich bis heute der Aufarbeitung der stalinistischen Verbrechen, der Rehabilitation der Opfer und der Menschenrechtssituation im Land.

1990 Petersburgs historisches Zentrum wird UNESCO-Weltkulturerbe.

1991 Nach einer Volksabstimmung wird aus Leningrad wieder St. Petersburg. Auch die Petersburger Straßen erhalten ihre historischen Namen wieder. Der August-Putsch in Moskau gegen Gorbatschows Reformkurs scheitert. Er beschleunigt den Zerfall der Sowjetunion rapide, zahlreiche Sowjetrepubliken erklären ihre Unabhängigkeit. Am 26.12. hört die Sowjetunion offiziell auf zu bestehen, ihre Rechtsnachfolgerin wird die Russische Föderation.

1998 Die in Jekaterinburg exhumierten Gebeine der letzten Zarenfamilie werden im Beisein von Präsident Jelzin feierlich in der Peter-Paul-Festung 31 beigesetzt.

2000 Der Petersburger Putin wird erstmals russischer Präsident.

2003 Mit seinem feierlich begangenen 300. Geburtstag feiert Petersburg sein „großes Comeback", seinen „Wiedereintritt in den Kreis der großen Städte der Welt, aus dem die Stadt an der Newa für lange Zeit herausgefallen war" (Karl Schlögel).

2008 Mit Medwedew, Putins Spezi aus der Petersburger Stadtverwaltung, wird erneut ein Petersburger russischer Präsident.

2011/2012 Begleitet von öffentlichen Protesten wird Putin erneut russischer Präsident.

2014 Auf die prowestliche „Euromaidan"-Revolution in der Ukraine reagiert Russ-

EXTRATIPP

Literaturtipps

- Orlando Figes, **Die Tragödie eines Volks. Die Epoche der Russischen Revolution 1891–1924,** 2. Aufl., Berlin 2011
- Jan Kusber, **Kleine Geschichte St. Petersburgs,** Regensburg 2009
- John Reed, **10 Tage, die die Welt erschütterten,** Essen 2011
- Karl Schlögel u. a., **Sankt Petersburg. Schauplätze einer Stadtgeschichte,** Frankfurt/New York 2007

KURZ & KNAPP

Die Stadt in Zahlen

- **Gegründet:** 1703
- **Einwohner:** 5.281.579 (Stand: 2017)
- **Bevölkerungsdichte:** 3690 Einwohner/km²
- **Fläche:** 1431 km²
- **Höhe ü. M.:** 3 m
- **Stadtbezirke:** 18 Stadtrajons
- **Partnerstädte:** Hamburg (seit 1957), Dresden (seit 1961), Graz (seit 2001)

land mit der Annexion der Krim und der Aufrüstung pro-russischer Separatisten im Südosten der Ukraine.

2015 Boris Nemzow, die zentrale Figur der russischen Opposition, wird in Moskau ermordet.

2017 Ein Selbstmordattentat erschüttert die Stadt: Zwischen zwei Metro-Stationen sprengt sich ein junger Mann in die Luft, 14 Passagiere sterben. Der Attentäter, ein russischer Staatsbürger usbekischer Herkunft, scheint Kontakte zum IS gehabt zu haben, der Anschlag im Zusammenhang mit dem militärischen Engagement Russlands in Syrien zu stehen.

Zwischen dem 17. Juni und 2. Juli steigt der Confed Cup, die Generalprobe zur WM. Deutschland gewinnt erstmals das Turnier.

Leben in der Stadt

Mit seinen über 5 Mio. Einwohnern ist Petersburg die viertgrößte Stadt Europas und, nach Moskau, die zweitgrößte Russlands. Mit der Hauptstadt verbindet die Petersburger eine durchaus begründete Rivalität: Seit Stalin musste Petersburg eine jahrzehntelange Zurücksetzung und Vernachlässigung gegenüber Moskau ertragen. Daran änderte sich eigentlich erst während der ersten Präsidentschaft Putins etwas: Der gebürtige Petersburger setzte viel daran, seiner Heimatstadt ihren alten repräsentativen Glanz wiederzugeben. Seit Putin spielen „die Petersburger" in der Landespolitik wieder die dominierende Rolle – selbst wenn sie in Moskau sitzen. Auch der zwischenzeitliche Präsident (und neuerliche Ministerpräsident) Medwedew ist Petersburger, ein Vertrauter Putins seit der gemeinsamen Zeit in der Petersburger Stadtverwaltung. Angesichts der Bedeutung des Präsidentenamts liegt es auf der Hand, was Petersburgs prominente Söhne für die ökonomische Entwicklung und die in die Stadt fließenden Geldströme bedeuten. Von der Stabilisierung der wirtschaftlichen Situation nach dem Chaos der 1990er-Jahre haben weite Teile der Stadtbevölkerung durchaus positiv profitiert.

Zu den wichtigen künftigen Herausforderungen der Stadt gehört sicher der Umgang mit dem Zustrom zentralasiatischer und nordkaukasischer Arbeitsmigranten, die vor allem im Bausektor (illegale) Beschäftigung finden. Bürokratische Schikane und Xenophobie sind an der Tagesordnung, ebenso die Wahrnehmung des Islam als ideologische Brutstätte des Terrors. Angesichts von geschätzten 400.000 bis 700.000 Petersburger

023sp Abb.: bj

Blick auf den Apraksin-Markt (s. S. 85)

Muslimen ist das eine verheerende Praxis. Eine riesige Herausforderung stellt auch die ökologische Neuerfindung und Erneuerung Petersburgs dar: Die Luftverschmutzung ist gewaltig, der Autoverkehr im Grunde außer Kontrolle, energetische Häusersanierung weitgehend unbekannt und der Zustand der Newa noch immer ein Desaster.

Zuletzt ein kritisches Wort zum Klima der Toleranz: Peters „Fenster nach Europa“ scheint vor allem in dessen Fassaden und der Kleidung seiner Bewohner europäisch. Auch wenn ein Tourist dies kaum mitbekommen wird – die homosexuellenfeindliche Gesetzgebung und die Diffamierung kritischer Stimmen als „unrussisch“ sind sicher bedenkliche Strömungen in der heutigen russischen Gesellschaft. Selbst eine Organisation wie das „Komitee der Soldatenmütter Russlands“ ist mittlerweile als „ausländischer Agent“ registriert – die Soldatenmütter setzten sich u. a. für die Aufklärung von Schicksalen russischer Soldaten im Ukrainekonflikt ein.

Petersburgs WM-Arena ist endlich fertig. Doch zu welchem Preis?

Das Prestigeobjekt der Heim-WM 2018 ist also doch noch rechtzeitig fertig geworden. Am 22. April 2017, dem 24. Spieltag der russischen Premjer-Liga-Saison 2016/2017, öffnet das Krestowskij-Stadion seine Pforten. 20.000 Zuschauer pilgern in die **funkelnagelneue Arena**, deren spektakulär futuristisches Design bei Besuchern die Illusion erzeugen kann, ein Raumschiff sei hier, im Westen der Krestwoskij-Insel, niedergegangen, um fußballbegeisterte Erdlinge in andere Sphären zu entführen. Das erste Spiel im neuen Stadion verläuft turbulent. Der neue Hausherr, Zenit St. Petersburg, gewinnt am Ende, doch der Rasen ist fast unbespielbar. („Selbst die schlechtesten ukrainischen Klubs spielen nicht auf solchen Äckern“, kommentiert Zenits Coach Mircea Lucescu später.) Die wichtigste Nachricht des Tages ist freilich: Es wird im Krestowskij gespielt, endlich!

Zum Zeitpunkt des Eröffnungsspiels ist das Stadion bereits ein **stadtweiter**

Skandal. Der geplante Eröffnungstermin wurde um acht Jahre verfehlt, zudem gilt das Stadion als Symbol für die Korruption im russischen Bausektor. Die Kosten des scheinbar nie fertig werdenden Bauwerks sind in schwindelerregende Höhen gestiegen. Waren anfänglich 190 Mio. € veranschlagt, belaufen sich die Baukosten 2017 auf 673 Mio. € – offiziell. Seriöse alternative Quellen wie Transparency International sprechen von 800 Mio. €, andere von weit mehr als einer Milliarde. Mit einer gewissen Wahrscheinlichkeit ist das Krestowskij heute die **teuerste Fußballarena der Welt.** Aberhunderte Millionen Rubel bleiben verschwunden. Ein profitables Geschäft für die Baufirmen.

Als wäre das nicht genug, werden die Bauarbeiten am Stadion überschattet von den **Zuständen auf der Baustelle.** Die meisten Arbeiter – geschätzte 80 % Arbeitsmigranten, größtenteils Usbeken und Tadschiken – schuften unter schlimmen Bedingungen. Wie der englische Guardian recherchiert, liegt ihr Arbeitspensum bei 10–15 Stunden täglich, sechs Tage die Woche. Die Unterbringung in Wohnwagen und Containern auf dem Baustellengelände ist katastrophal, die Stundenlöhne liegen bei 1,50 €. Oft sehen die Arbeiter monatelang gar keinen Lohn. Wer sich deshalb beschwert, wird ohne Begleichung ausstehender Zahlungen oder Entschädigung gefeuert. Und es geht noch schlimmer: Die norwegische Fußballzeitschrift Josimar berichtet, dass im Februar 2017 mindestens 110 nordkoreanische Arbeiter auf der Baustelle arbeiten. Ihre Arbeitsbedingungen sind diejenigen von **Sklaven:** Passentzug, Schichten von 7 Uhr morgens bis Mitternacht, keine freien Tage, separate Unterbringung in alten Schiffscontainern, Überwachung rund um die Uhr. Geschätzte 90 % des kärglichen Tageslohnes von etwa 9 € werden von der nordkoreanischen Regierung eingezogen, die über diesen Weg an Devisen gelangt. Wer sich beschwert, riskiert Repressalien gegen die Familie in der nordkoreanischen Heimat. Offziell sterben bei den Bauarbeiten 10 Arbeiter, darunter ein Nordkoreaner.

Die Vorkommnisse um den Stadionbau werfen ein bezeichnendes Licht auf die WM, die Russlands Sportminister Witalij Mutko vermessen als „die schönste WM aller Zeiten" ankündigt. Ganz so, als seien die massive **Korruption und die Menschenrechtsverletzungen** bei den Stadionbauten eine Lappalie. Eine Lappalie wie der omnipräsente **Rassismus** in den russischen Stadien oder die enge personelle Verknüpfung zwischen dem russischen Fußballverband und nationalistischen **Hooligans** – unvergessen die offizielle Rückendeckung für die russischen Schläger nach den brutalen Ausschreitungen bei der EURO 2016.

Sicher, das Stadion ist fertig. Und anders als bei anderen Stadionneubauten im Lande ist – Zenit St. Petersburg sei Dank – eine sinnvolle Nachnutzung gesichert. Und doch: Ist ein Fußballstadion diese menschlichen und materiellen Kosten wert? Unlängst schrieb der englischsprachige Fußballblog Russian Football News über das neue Krestwowskij: „To call a stadium that has been surrounded with so much scandal a success seems foolish." Das trifft den Nagel auf den Kopf.

●**91** [A2] **Krestowskij Stadion,** Futbolnaja Aleja 1, Metro: Krestovskij Ostrow, dann etwa 25 Minuten zu Fuß. Während der WM wird es auch einen Shuttle-Service geben, Infos für Fußballfans unter http://welcome2018.com/de.

PRAKTISCHE REISETIPPS

045sp Abb.: sas

An- und Rückreise

Mit dem Flugzeug

Für einen Kurzaufenthalt in St. Petersburg bietet sich wegen der langen Reisezeiten mit alternativen Verkehrsmitteln zuallererst die Anreise mit dem Flugzeug an. Im Zuge der Ukrainekrise hat sich das Angebot an Direktflügen von deutschen Flughäfen aber insgesamt verschlechtert, von Berlin bietet aber z. B. neuerdings die russische Fluggesellschaft S7 wieder Direktflüge nach St. Petersburg an.

Von Wien fliegt Aeroflot und von Zürich Swiss direkt nach St. Petersburg. Günstige alternative Optionen mit Zwischenstopp können Flüge mit Lot (über Warschau) oder Czech Airlines (über Prag) sein.

Der Petersburger Flughafen **Pulkowo** liegt ca. 14 km südlich des Stadtzentrums. Alle Flüge werden über das neue, 2013 eingeweihte **Terminal Pulkowo I** (www.pulkovoairport.ru) abgewickelt. Der Flughafen ist hochmodern und bietet sämtliche Serviceleistungen (Geschäfte, Cafés, Post, Taxiservice, Mietwagen, WLAN, Geldautomaten). Die **Weiterfahrt in die Stadt** mit den öffentlichen Verkehrsmitteln ist einfach, preiswert und schnell. Unübersehbar gleich vor dem Terminal sind die Haltestellen für die **Busse Nr. 39 und 39 Ex** sowie die **Marschrutka K 39**, die direkt zur Metrostation Moskowskaja fahren. Mit der Metro fährt man dann ins Zentrum. Die Gesamtdauer des Transfers beträgt etwa 45 Min.

046sp Abb.: sas

Hochmodern: das neue Terminal Pulkowo I

Vorseite: Fassaden-Farbenspiele

- **Bus Nr. 39** fährt zwischen 5.25 und 1.30 Uhr mind. alle 20 Min. (Kosten: 40 Rub). Der **Expressbuss 39 Ex** kostet ebenfalls 40 Rub und fährt zwischen 5.25 und 0.20 Uhr mind. alle 30 Min. Für ein großes Gepäckstück wird derselbe Betrag noch einmal berechnet.
- **Marschrutka K 39** fährt von 7 bis 23.30 Uhr alle 5 Min. und kostet 40 Rub, großes Gepäck wird hier ebenfalls extra berechnet.
- Alternativ kann man ein **Taxi** nehmen. Empfohlen wird das offizielle Flughafentaxi. Gleich nach dem Verlassen des Zollkorridors sieht man den entsprechenden Schalter „Taxi Pulkowo". Die Fahrt ins Zentrum kostet zwischen 900 und 1000 Rubel.

Mit dem Zug

Romantiker und Umweltbewusste können die Anreise mit dem Zug erwägen. Diese ist aber zeitaufwendig. Bei Zugreisen über Minsk (Belarus) wird zudem immer ein Transitvisum benötigt.

- Als **transitvisafreie Variante** kommt vor allem noch die Fahrt über **Helsinki nach St. Petersburg** (3½ Std. mit dem „Allegro“, 4-mal täglich, Ankunft am Finlandskij Woksal [G3]) in Betracht. Andere interessante Optionen sind z. B. die Verbindungen über Vilnius, Kaliningrad oder Prag. Diese Strecken sind allerdings recht kompliziert zu buchen und der Autor empfiehlt, hierfür die unten genannten Bahnagenturen zu kontaktieren.
- Eine sehr zeitintensive Alternative ist die Anreise über Warschau und Minsk. Die Züge kommen am Witebskij Woksal an.
- Von **Petersburg nach Moskau** fährt 6-mal täglich der *Sapsan* („Wanderfalke“) vom Moskowskij Woksal. Ohne Halt benötigt er knapp 4 Std., mit Halt max. 4½ Std. (http://sapsan.su).

Beim **Erwerb von Zugtickets nach Russland** rät der Autor, auf das Knowhow von Experten zurückzugreifen. Das führt teils zu großer Kostenersparnis! Die genannten Agenturen sind auf Zugreisen nach Osteuropa/Russland spezialisiert. Sie nehmen auch Bestellungen per Telefon/E-Mail entgegen und verschicken die Tickets per Post.

- www.bahnagentur-schoeneberg.de (Berlin)
- www.bahnfuechse.de (Berlin)
- www.gleisnost.de (Freiburg)

047sp Abb.: bij

Mit dem Auto

Von der **Anreise** mit dem Auto **kann nur abgeraten werden.** Petersburg bewegt sich am Rande des Verkehrskollapses und der städtische Autoverkehr trägt teils apokalyptische Züge. Auch Parkplätze sind rar. Vor Ort bewegt man sich viel entspannter mit den öffentlichen Verkehrsmitteln. Wer auf das eigene Auto nicht verzichten möchte: Auch hier gilt, dass für Fahrten durch Belarus ein Transitvisum benötigt wird. Bei der Anreise durchs Baltikum oder über Finnland entfällt dieses Problem. Zur Orientierung: Die Transittrasse E 18 **Helsinki-Wyborg-St. Petersburg** beträgt 385 km, die Strecke **Tallinn-Narwa-St. Petersburg** (E 20) 363 km. Autofahrer sollten in jedem Fall einen nationalen und internationalen Führerschein, die Zulassung, einen Versicherungsnachweis, den Erste-Hilfe-Kasten und einen Feuerlöscher mit an Bord haben.

Mit dem Schiff

Kreuzfahrtschiffe, die St. Petersburg ansteuern, legen seit 2011 meist am brandneuen Passagierhafen **Morskoj Fasad** auf der Wassilij-Insel an. Im Terminal gibt es einen Taxiservice, Geldautomaten, ein Café und einen Duty-free-Shop. Detaillierte Angaben zu Transfer, Fahrplänen u. Ä. entnehme man der hervorragenden englischsprachigen Website.

Für Kreuzfahrer gelten **bestimmte Ausnahmeregelungen hinsichtlich der Visapflicht.** Vom Veranstalter organisierte Landgänge sind auch ohne ein individuelles Visum möglich, sofern man bei der Reisegruppe ver-

Hier sollte man nicht parken …

bleibt. Der visafreie Aufenthalt gilt maximal 72 Std. und setzt voraus, dass der Besucher die Stadt wieder auf dem Seeweg verlässt. Am besten erkundigt man sich beim Anbieter, ob auch eine individuelle Visavergabe und Ausflüge möglich sind.

•92 **Morskoj Fasad,** Bereg Newskoj Guby 1, www.portspb.ru, Metro: Primorskaja. Eingang ins Terminal über die Mitschmanskaja Ul.

St. Peterline

Die Möglichkeit, als Teilnehmer einer Kreuzfahrt die Stadt visafrei auf eigene Faust zu erkunden, bietet sich in jedem Fall Gästen der russischen Fährlinie **St. Peterline** (www.stpeterline.com), die regelmäßig auf der Linie Helsinki–St. Petersburg verkehrt und darüber hinaus Ostseerundfahrten (Stockholm–Tallinn–St. Petersburg–Helsinki) anbietet. Auch Gäste der Linie Helsinki–Petersburg kommen in den Genuss dieser Regelung, vorausgesetzt die Stadt wird nach 72 Std. wieder auf dem Seeweg verlassen **und eine Dienstleistung beim Anbieter** wird gebucht (z. B. Transfer vom Hafen in die Stadt). Zur Ostseerundfahrt gehört eine Übernachtung in der Stadt mit frei gestaltbarem Aufenthalt sowieso dazu. **Achtung:** Die Schiffe der Peterline gehen nach wie vor am alten Morskoj Woksal vor Anker.

•93 [A7] **Morskoj Woksal,** Pl. Morskoj Slavy 1, www.mvokzal.ru

Barrierefreies Reisen

Reisende mit körperlicher Beeinträchtigung haben es in St. Petersburg schwer. Bahnhofsgleise oder Metrostationen sind nicht über Fahrstühle erreichbar, lange Treppenfluchten und endlose Rolltreppenfahrten erwarten den Besucher. Auch sonst sind im öffentlichen Nahverkehr **keinerlei rollstuhlgerechte Einstiegsmöglichkeiten** vorhanden. **Einige** der herausragenden **Museen** – etwa die Eremitage ❷ oder das Russische Museum ⓰ – sind immerhin inzwischen **barrierefrei.** Es bleibt zu hoffen, dass mittelfristig auch die städtische Infrastruktur an die Erfordernisse von Menschen mit eingeschränkter Mobilität angepasst wird.

› Eine 2-tägige Stadtbesichtigung für Touristen im Rollstuhl bietet der Reiseveranstalter **Petersburg Voyage** an. Ein privater Reiseführer und ein behindertengerechter Van für den Transport stehen zur Verfügung: www.petersburg-voyage.com/2012-11-29-20-25-59/st-petersburg-for-the-disabled.

› Bei Reiseplanungen kann möglicherweise auch der **Bundesverband Selbsthilfe für Körperbehinderte** (www.bsk-ev.org) weiterhelfen, der barrierefreie Reisen und Reiseassistenzen organisiert.

Diplomatische Vertretungen

•94 [H5] **Deutsches Generalkonsulat in St. Petersburg,** Furschtatskaja Ul. 39, Metro: Tschernyschewskaja, www.sankt-petersburg.diplo.de, für Besucher geöffnet: Mo.–Fr. 9–12 Uhr, Tel. +7812 3202400, **Notfallnummer** außerhalb der Dienstzeiten: +74959379500

› **Österreichische Botschaft in Moskau,** www.bmeia.gv.at, Starokonjuschennij per. 1, Tel. +74957806066, Notfall: +79857670396, Passabteilung: Bolschoj Lewschinskij per. 7, Tel. +74959561660. In St. Petersburg gibt es ein Konsulat, bei Passverlust oder ähnlichen Anfragen sollte man sich aber an die Botschaft in Moskau wenden.

•95 [G5] **Schweizer Generalkonsulat in St. Petersburg,** Tschernyschweskogo Pr. 17, Metro: Tschernyschewskaja, www.eda.admin.ch/countries/russia/en/home/representations/consulate-general-st.-petersburg.html, Mo.–Do. 9–12, Fr. 11–12 Uhr, Tel. +78123270817, **Notfallnummer** außerhalb der Dienstzeiten: +74952583830 (den Instruktionen des Anrufbeantworters folgen oder Helpline der EDA unter +41 800247365 anwählen)

Ein- und Ausreisebestimmungen

Visum

Staatsangehörige Deutschlands, Österreichs und der Schweiz benötigen für die Einreise nach Russland ein **gültiges Visum.** Das sollte interessierte Individualreisende aber nicht abschrecken. Bei Gruppenreisenden kümmert sich meist ohnehin der Reiseveranstalter um die Beschaffung.

Allgemein gilt: Für den Visumsantrag wird ein **Reisepass** benötigt, der sechs Monate über das Ende der geplanten Reise hinaus gültig sein muss. Außerdem werden ein Passbild, ein aktueller Einkommens- oder Vermögensnachweis und eine Auslandsreise-Krankenversicherung benötigt. Letztere ist für unter 10 Euro Jahresbeitrag bei allen bekannten Versicherern erhältlich. Eine Auflistung akzeptierter **deutscher und österreichischer Versicherer** findet sich z.B. hier: www.russland-visum.de/russland-krankenversicherung/russland-krankenversicherung.php. **Schweizer** sollten bei ihrer Krankenversicherungsgesellschaft nachfragen, ob die Auslandsdeckung auch für Russland gilt.

Es ist wichtig, dass der Versicherer dem Reisenden einen Begleitbrief ausstellt, dem zu entnehmen ist, dass eine Mindestdeckung von 30.000 Euro gewährleistet ist. Am besten lässt man dann alles Weitere von einer auf russische Visaanträge spezialisierten **Agentur** erledigen. So entfällt nämlich sowohl der lästige Gang zum Konsulat bzw. der Kontakt zum russischen Visazentrum (www.vhs-germany.com bzw. www.vhs-austria.com und www.vhs-swiss.com) als auch das eigenhändige Besorgen einer, ebenfalls zwingend notwendigen Einladung bzw. Reisebestätigung. **Achtung:** Seit 2014 gibt es Gerüchte, dass eine Fingerabdruckpflicht bei der Visa-Vergabe eingeführt werden soll. Derzeit (Januar 2018) existiert diese aber noch nicht.

Achtung: Wer im Besitz einer **Eintrittskarte für ein Spiel bei der WM 2018** ist, benötigt kein extra Visum zur Einreise in die Russische Föderation. Die Eintrittskarte und eine personalisierte „Fan-ID" genügen. Der Besitz der Fan-ID ist zwingend erforderlich, sie ist über www.fan-id.ru erhältlich.

› Russlandvisa für Individualreisende beantragt z. B. die **Bahnagentur Schöneberg** (www.bahnagentur-schoeneberg.de). Das funktioniert auch rein postalisch, sodass man nicht persönlich vorstellig werden muss. Die Kosten für das Visum betragen (inkl. der Bearbeitungsgebühr der Agentur) ca. 99 Euro. Für in Deutschland gemeldete Österreicher und Schweizer kann die Bahnagentur ebenfalls russische Visa beantragen.
› www.russland-visum.eu (König Tours GmbH, Brühl)
› Österreicher können sich für ihr Russlandvisum an das **Reisebüro Eastlink** wenden (http://eastlink.at).
› Russische Visa für Schweizer besorgt z. B. der auf Osteuropa spezialisierte

Schweizer Reiseveranstalter **Kira Reisen** (www.kiratravel.ch).

Wichtig: Wer mit dem Auto/Zug via Belarus nach St. Petersburg fahren möchte, braucht für die Durchreise ein belarussisches Transitvisum. Dieses kostet 90 Euro pro Durchreise und muss vor der Reise bei der entsprechenden belarussischen Botschaft beantragt werden.

Migrationskarte und Registrierung

Achtung: Für den Zeitraum der WM 2018 gelten erhöhte Sicherheitsbestimmungen. Das bedeutet, dass sich alle Touristen, die St. Petersburg vom 25.5–25.7. 2018 besuchen, binnen 24 Std. registrieren lassen müssen.

Bei der Einreise erhält man von den Grenzbeamten eine gestempelte **Migrationskarte.** Diese sollte man sorgfältig verwahren, bei der Ausreise wird sie wieder eingezogen. Wer **länger als sieben Werktage** in St. Petersburg bleibt, muss sich innerhalb dieser Zeit **registrieren lassen.** Hotels und Hostels übernehmen diesen Service für ihre Gäste. Wer privat unterkommt, dem bleibt es nicht erspart, seinen Gastgeber zum zuständigen **Postamt** (das in dem Distrikt gelegene, in dem man wohnt) mitzuschleppen. Dort liegen die – in Kyrillisch – auszufüllenden Formulare aus, samt entsprechender Anleitung. Sowohl der Gastgeber als auch der Besucher sollten ihren Pass dabei haben: Davon werden vor Ort Kopien gefertigt, die dem Registrierungsformular beigefügt werden. Schließlich wird alles an Ort und Stelle in einen Briefumschlag gesteckt und an das für den Distrikt zuständige Büro der Migrationsbehörde (FMS) geschickt.

- Auf http://regfms.ru kann man sich das Formular auch herunterladen, um es vorab auszufüllen.
- Die Kosten für die Registrierung betragen 216 Rub., zzgl. Briefmarken und Kopierkosten. Achtung: Auch Hotels/Hostels können Sondergebühren für die Übernahme der Registrierung erheben (ca. 350 Rub)!

Einverständniserklärung für Minderjährige

Reisen Kinder nur mit einem Elternteil, ist oft bei der Einreise eine Einverständniserklärung des anderen Elternteils erforderlich. Detailinfos entnehmen Sie der Website des Auswärtigen Amtes.

Zoll

- **Einreise:** Wer Bargeld in Höhe von mehr als 10.000 US-Dollar einführt, muss eine Zollerklärung ausfüllen. Dies gilt auch für bestimmte anzumeldende Wertsachen.
- **Ausreise:** Bargeldbeträge unter 10.000 US-Dollar müssen nicht deklariert werden. Die Ausfuhr bestimmter **Kulturgüter** aus der Russischen Föderation ist strengstens untersagt bzw. unterliegt einer speziellen Genehmigung. **Verboten** ist die Ausfuhr aller Kulturgüter, die älter als 100 Jahre sind. Einer Prüfung unterliegen alle Kunstgegenstände, die älter als 50 Jahre sind: Ikonen, seltene Bücher, alte Briefmarken und Geldscheine, aber auch Samoware usw. – durchaus Gegenstände, die man auch auf einem Flohmarkt erwerben kann. Um hier keine unliebsamen Überraschungen (von Beschlagnahmung bis zur Geld- und Gefängnisstrafe!) zu erleben, sollte man von „wild" gekauften Antiquitäten die Finger lassen. Seriöse Verkäufer liefern die notwendigen Papiere immer mit.

070sp Abb.: mb

Ausfuhrgenehmigungen erteilt ansonsten das Russische Kulturministerium.

- **Kaviar** darf nur in einer Menge von 125g in die EU eingeführt werden und muss ein CITES-Etikett haben. Aus Artenschutzgründen sollte man auf Kaviar von Wildfischen generell verzichten (s. S. 71).
- Weitere Informationen zu den russischen Zollbestimmungen unter http://eng.customs.ru (englischsprachige Seite)

Zu den geltenden nationalen Einfuhrbestimmungen gibt es hier weitere Informationen:

- **Deutschland:** www.zoll.de, Zoll-Infocenter, Tel. 0351 44834510
- **Österreich:** www.bmf.gv.at, Zollamt Klagenfurt-Villach, Tel. 0043 (0) 50233740
- **Schweiz:** www.ezv.admin.ch, Zoll-Auskunftszentrale Schweiz: Tel. 0041 584671515

Film und Foto

Als Grundregel gilt: Wer fremde Menschen fotografieren möchte, sollte vorher deren Erlaubnis einholen und nicht einfach wild drauflos knipsen. Auf **Märkten** z. B., wo gerne viel fotografiert wird, arbeiten oft illegale Arbeitsmigranten, die über ungefragtes Ablichten überhaupt nicht erfreut sind. Wer fragt, wird meist die Antwort hören: „Fotografieren gerne, aber bitte nicht mich“. Das sollte man unbedingt respektieren. In fast allen **Museen** muss man eine Fotoerlaubnis kaufen, die mitunter fast so teuer ist wie die Eintrittskarte. Wer die Museumsmitarbeiter fragt, darf aber immer – auch ohne entsprechende Erlaubnis – zumindest **ein Foto pro Ausstellungssaal kostenfrei** schießen. Nicht gerne gesehen wird das Fotografieren in den weniger touristisch frequentierten **Kirchen.** Auch hier gilt: vorher fragen. Verboten ist das Fotografieren auf **Bahnhöfen** und in der **Metro** – freundliches Fragen kann hier aber mitunter Wunder wirken. Verzichten sollte man auf das Ablichten von Polizisten.

Geldfragen

Für Touristen ist Petersburg **keine günstige Stadt.** Vor allem die vielen Museumsbesuche sind eine teure Angelegenheit, zumal in nahezu allen Museen ein duales Ticketsystem existiert, das zur Folge hat, dass **Aus-**

St. Petersburg preiswert

Trotz teils happiger Eintrittspreise kann man einige der berühmtesten Sehenswürdigkeiten der Stadt kostenfrei besichtigen. Dies gilt generell für alle Sakralbauten – mit Ausnahme der wenigen, offiziell zu Museen umfunktionierten Kirchen – und für alle Gärten und Parkanlagen. Kostenlos zugänglich sind z. B.:

- *Sommergarten* ⑩ *und Michaelsgarten*
- *Kasaner Kathedrale* ㉑ *und das Gelände des Newskij-Klosters* ㊸ *(inkl. Dreifaltigkeitskathedrale)*
- *das Nabokow-Museum (s. S. 65)*
- *das Gelände der Peter-Paul-Festung* ㉛

Die ***Kombikarte des Russischen Museums*** ⑯ *ermöglicht eine deutliche Kostenreduktion bei der Besichtigung von Russischem Museum* ⑯, *Michaelsschloss* ⑫ *sowie des Marmor- und Stroganow-Palais* ⑳. *Nicht zuletzt wurde speziell für Touristen die* ***Petersburg-Karte*** *eingeführt, deren Erwerb unter bestimmten Umständen eine lohnende Investition sein kann. Ausführliche Informationen zu Kartentypen, Ermäßigungen und Erwerb findet man unter http://petersburgcard.com.*

Studenten *erhalten in vielen Museen reduzierten Eintritt, der einzige international anerkannte Studentenausweis ist aber die International Student Identity Card (ISIC), die man besser dabei haben sollte. Auch* ***Kinder*** *zahlen i. d. R. einen deutlich reduzierten Eintritt.*

Günstig speisen lässt es sich z. B. in den ***SB-Restaurants*** *(s. S. 72). Der in vielen Restaurants zwischen 12 und 15/16 Uhr servierte „Bisnes-Lantsch" ermöglicht ein schnelles und recht preiswertes Mittagessen.*

länder stets erheblich mehr zahlen als russische Staatsbürger. Ausgesprochen günstig sind lediglich der öffentliche Nahverkehr und der Einkauf auf Märkten sowie einige SB-Restaurants. Anhand der Preisangaben in diesem Reiseführer lässt sich die erforderliche Reisekasse recht genau im Voraus berechnen, sodass man von unliebsamen Überraschungen verschont bleiben sollte.

Landeswährung ist der **Russische Rubel** (Währungskürzel Rub). Im Februar 2018 lag der **Wechselkurs** bei:

- 1 Euro = 69,75 Rub
- 100 Rub = 1,43 Euro
- 1 SFr = 60,10 Rub
- 100 Rub = 1,66 SFr

Aktuelle Wechselkurse erfährt man auf www.oanda.com. Den 50-Rubelschein ziert übrigens eine Petersburger Sehenswürdigkeit!

Bargeld abheben: Mit der EC-Karte kann an allen Geldautomaten, die das Maestro-Logo aufweisen, gegen eine Gebühr von einigen Euro Bargeld gezogen werden. In Einzelfällen kann es zu Schwierigkeiten beim Abhebevorgang kommen – gute Erfahrungen gibt es mit den ATMs der größten russischen Bank, der Sperbank (Сбербанк). Das **VPAY-System** funktioniert ist Russland nicht, weshalb Karten mit dieser Funktion nicht eingesetzt werden können.

Debit-Karten (EC-Karten)

Viele Banken sperren die Debit-(EC-) Karten aus Sicherheitsgründen für den **Einsatz außerhalb vieler EU-Staaten** oder beschränken den Verfügungsrahmen. Außerdem statten einige deutsche Banken ihre Geldkarten mit der Bezahlfunktion **V PAY** aus, bei der nicht der kopierbare Magnetstreifen, sondern der Chip ausgelesen wird. Das hat zur Folge, dass an Bankautomaten in Russland mit solchen Karten kein Geld gezogen werden kann, da die Automaten die Chips nicht lesen können.

Wer im Ausland mit seiner Debit-(EC-)Karte bezahlen oder Bargeld abheben möchte, sollte sich im Vorfeld bei seiner Bank erkundigen und die Karte ggf. für das Reiseland freischalten lassen.

Geldabheben mit der Kreditkarte ist an Geldautomaten überall problemlos möglich, die Gebühren dafür können aber bis zu 5,5 % pro abgehobenem Geldbetrag liegen. Alternativ kann man in Banken oder Wechselstuben **Bargeld tauschen,** wobei der Tausch in Wechselstuben die günstigere Option ist. Die Wechselkurse sind besser und die Kommission liegt, so sie verlangt wird, im Centbereich. Wechselstuben *(obmen waljuty)* gibt es überall am Newskij Prospekt. Die Banknoten, die man mitbringt, sollten aber in gutem Zustand sein (keine eingerissenen oder zerfledderten Lappen), sonst werden sie u. U. nicht angenommen. Es empfiehlt sich, die Geldscheine in kleiner Stückelung zur Hand zu haben und dann nach Bedarf zu tauschen. **Achtung:** Beim Geldwechseln den Reisepass dabei haben, das Vorzeigen des Passes kann verlangt werden.

Mit den gängigen **Kreditkarten** (Visa, Mastercard, American Express usw.) kann man in Hotels, besseren Restaurants und großen Geschäften bargeldlos zahlen. Ansonsten ist das bargeldlose Zahlen eher unüblich.

Gesundheit und Hygiene

Für Russland gibt es **keine speziellen Impfvorschriften.** Vor einer Petersburgreise empfiehlt es sich dennoch, den eigenen **Impfschutz zu überprüfen.** Das Auswärtige Amt empfiehlt Impfungen gegen Tetanus, Diphtherie und Hepatitis A, bei längeren Aufenthalten oder besonderer Exposition zusätzlich gegen Hepatitis B, Tollwut und FSME (Trecking-Urlaub, veterinärmedizinische Tätigkeiten).

Russland hat eine der höchsten HIV-Infektionsraten weltweit – ein im Land verdrängtes und tabuisiertes Problem. Die Implikationen dürften jedem klar sein: Bei Zufallsbekanntschaften ... **Kondome** benutzen. Und nicht vergessen: Petersburg wurde im Sumpf gebaut. Im Sommer können Mücken sehr lästig werden.

In Petersburg gibt es **gut sortierte Apotheken** an jeder Ecke – mit der üblichen kleinen Reiseapotheke (Aspirin, Mückenspray und -salbe (!), Blasenpflaster (!), Desinfektionsmittel) ist man also bestens ausgestattet. Wer laufend Medikamente einnehmen muss, sollte diese natürlich in ausreichender Menge dabei haben.

Vom Trinken des **Leitungswassers** wird abgeraten. **Toilettenbenutzung** in Restaurants/Cafés ist meist frei – vorher aber freundlich fragen!

Wem beim Bummel über den Newskij Prospekt ein plötzliches Bedürfnis peinigt: Im Gostinyj Dwor gibt es sehr saubere öffentliche Toiletten. Apropos Toiletten: Es ist in Petersburg generell unüblich, das Toilettenpapier in die Toilette zu werfen. Dafür stehen kleine Eimerchen bereit ...

Informationsquellen

Infostellen zu Hause

Russland verfügt über keine Fremdenverkehrsämter in Deutschland, Österreich und der Schweiz. Für Individualtouristen gibt es aber reichlich gutes Informationsmaterial im Internet, sodass man sich problemlos auf eigene Faust auf eine Petersburgreise vorbereiten kann.

Infostellen in der Stadt

In Petersburg gibt es eine **ausgezeichnete Touristeninformation** (http://eng.ispb.info). Die Mitarbeiter sprechen alle Englisch und sind hilfsbereit, freundlich und kompetent, auch tonnenweise Infomaterial liegt aus. Die zentrale Lage erlaubt zudem einen schnellen, spontanen Abstecher beim Stadtbummel.

96 [F6] **Zentrale Tourismusinformation**, Sadowaja Ul. 14/52, geöffnet: Mo.–Sa. 10–19 Uhr, geschl.: So. und an Feiertagen, Tel. +7 812 2423909

- **Info-Pavillons** z. B. direkt an der Isaakskathedrale 5, auf dem Schlossplatz 1 und vor dem Smolnyj-Kloster 45
- Ein toller Service ist die 24 Stunden erreichbare, **gebührenfreie „Tourist-Helpline“**, Tel. 8123030555. Hier erhält man Antworten auf alle erdenklichen Fragen.

Die Stadt im Internet

- **www.saint-petersburg.com** – Seite des Petersburger Fremdenverkehrsamts mit umfangreichen und lesenswerten Informationen zu allen touristisch relevanten Aspekten (Sehenswürdigkeiten, An- und Abreise, Unterkunft, Stadtverkehr etc.). Die Angaben sind allerdings nicht immer aktuell.
- **http://billboard.spb.ru** – Veranstaltungskalender, der aktuelle Konzerte, Festivals, Ausstellungen usw. listet (Englisch)
- **www.inyourpocket.com/st-petersburg** – ausgezeichneter, englischer Stadtführer, kostenloser PDF-Download
- **http://petersburgcity.com** – englischsprachiges Stadtmagazin, Infos zu aktuellen Events, Restauranttipps usw.
- **www.petersburg-info.de** – deutschsprachige Seite, die alle grundlegenden touristischen Informationen abdeckt
- **www.petersburg.aktuell.ru** – deutschsprachiges Petersburger Stadtjournal mit aktuellen Nachrichten aus Petersburg und Russland, aber auch sehr guten Informationen zu Sehenswürdigkeiten, Unterkunft und aktuellen Ausgeh- und Nightlifetipps. Seit Ende 2015 allerdings nur noch sporadische Aktualisierungen!
- **www.spzeitung.ru** – Onlinepräsenz des deutschsprachigen Sankt-Petersburger Herolds.
- **www.encspb.ru** – Enzyklopädie mit Einträgen zu allen Petersburger Baudenkmälern, Persönlichkeiten usw., auch auf Englisch.

Publikationen und Medien

Es gibt zwei deutschsprachige Zeitungen in St. Petersburg, die beide versuchen, die verschüttete Tradition des deutschsprachigen Journalismus in der Stadt wiederzubeleben. Auch in ihrer Namensgebung knüpfen beide Blätter an alte deutschsprachige

Meine Literaturtipps

- *Anna Achmatowa,* ***Poem ohne Held.*** *Über 20 Jahre arbeitete Russlands bedeutendste Dichterin an ihrem Hauptwerk, einer wundervollen Versnovelle in der Tradition Puschkins, voll mit Anspielungen, Zitaten, Widmungen. Das Poem hält reflexive Rückschau und verwebt persönliche Erinnerungen mit Bildern und Visionen eines verschwundenen Petersburg.*
- *Andrej Belyj,* ***Petersburg.*** *Der Roman des Symbolisten Andrej Belyj ist eines der wegweisenden Werke der russischen Literatur des 20. Jh. Wie etwa der „Ulysses" von James Joyce ist es keine leichte Lektüre. Doch Sprach- und Bildgewalt sind berauschend. Erzählt werden 24 Stunden aus dem Leben eines jungen Revolutionärs, der seinen Vater, einen Senator, mittels einer Bombe ins Jenseits befördern will.*
- *J. M. Coetzee,* ***Der Meister aus Petersburg.*** *Der südafrikanische Nobelpreisträger imaginiert Dostojewskij: Dieser kehrt aus Dresden nach Petersburg zurück, um dort den mutmaßlichen Selbstmord seines Ziehsohnes Pawel aufzuklären. Er findet heraus, dass Pawel zum radikalen Kreis um den Anarchisten Netschajew gehörte. Wurde Pawel ermordet? Coetzee gelingt ein komplexes, feinfühliges Porträt des Menschen und Künstlers Dostojewskij. Er verarbeitet in diesem Werk auch den Verlust seines eigenen Sohnes.*
- *Fjodor Dostojewskij,* ***Verbrechen und Strafe.*** *Der erste der „großen fünf" Romane Dostojewskijs spielt ausschließlich in Petersburg. Der bettelarme ehemalige Student Rodion Raskolnikow hat sich völlig von der Außenwelt zurückgezogen. In seinem sargähnlich-winzigen Zimmer unweit des Heumarkts ersinnt er die Theorie, dass ein „außergewöhnlicher Mensch" zur Realisierung seiner großen Ideen, wenn nötig, auch das Recht habe, „über Blut und Leichen zu gehen". Unglaublich fesselnd, ein Meisterwerk der Weltliteratur.*
- *Nikolaj Gogol,* ***Petersburger Novellen.*** *Die vier Petersburger Novellen „Newskijprospekt", „Aufzeichnungen eines Wahnsinnigen", „Die Nase" und „Der Mantel" zählen zu den großartigsten Werken Gogols. Insbesondere „Der Mantel" – die groteske Geschichte eines kleinen Petersburger Beamten, der auf einen neuen Mantel spart – hatte einen herausragenden Einfluss auf die russische Literatur. Dostojewskij adelte den Text mit seinem Ausspruch: „Wir kommen alle aus Gogols Mantel." In den Novellen zeigt sich Gogol als Meister der bissigen Satire und des Absurden.*
- *Alexander Puschkin,* ***Der eherne Reiter.*** *Pflichtlektüre für alle Petersburgreisenden: Das Gedicht erzählt vom armen Beamten Jewgeni, der während einer Newa-Sturmflut seine Verlobte verliert. Er verflucht daraufhin die Hybris des Stadtgründers, der seine Stadt direkt am Meer bauen musste. Als Jewgeni vor Peters Reiterdenkmal* 4 *seine Schimpftirade beginnt, wird dieses lebendig und verfolgt ihn durch die Gassen der Stadt. Puschkin nimmt hier alle Motive vorweg, die für die Petersburgliteratur charakteristisch werden.*

Zeitungen an. Die **St. Petersburgische Zeitung** existiert seit 1991, erscheint monatlich und richtet sich an deutschsprachige Petersburger und Touristen. Seit 2008 erscheint auch der **St.-Petersburger Herold,** zunächst nur online, seit 2010 nun auch einmal monatlich in gedruckter Form. Das Blatt versucht, die liberal-kritische Tradition des alten Herolds zu neuem Leben zu erwecken und verfügt auch über eine Webpräsenz (www.spzeitung.ru). Die seit 1993 erschienene und sehr informative englischsprachige **St. Petersburg Times** musste aus wirtschaftlichen Gründen leider vor wenigen Jahren ihr Erscheinen einstellen.

Smartphone-Apps

- **„www.hermitageapp.com":** offizielle App des Museums. Nützliche Hilfe, um sich in dem Labyrinth zurechtzufinden. Aktuelle Infos, Navigationshilfe etc. Zusatzinfos zu Gemälden, Geschichte usw. teils kostenpflichtig (zwischen 75 und 299 Rub). Auch eine Audioguide App wird angeboten (für Android und iOS).
- **„Rusavtobus":** hervorragende App, die für jeden Standort und jede Uhrzeit die optimalsten Verbindungen mit dem öffentlichen Nahverkehr von A nach B berechnet (2,99 €, nur für iOS)

Internet und Internetcafés

Es gibt reichlich Internetcafés in der Innenstadt – meist findet man sich zwischen unzähligen Computerspielern wieder. Das Personal spricht meist Englisch. Kabelloser Netzzugang ist Standard in den meisten Cafés und Restaurants. Auch in fast allen Hotels/Hostels gibt es Internetzugang oder **WLAN.**

Ein gutes Internetcafé unweit des Schlossplatzes ❶ ist das

@97 [E6] **5.3 GHz,** Newskij Pr. 11 (Eingang Mal. Morskaja 2, 1. Stock), Metro: Admiraltejskaja, www.5.3ghz.ru, tägl. 9–23 Uhr

Medizinische Versorgung

Sollte eine medizinische Versorgung notwendig werden, empfiehlt es sich aus Gründen der sprachlichen Verständigung, eine der folgenden medizinischen Einrichtungen aufzusuchen: Alle sind tägl. 24 Stunden geöffnet, verfügen über englischsprachiges Personal, decken alle medizinischen Notfälle ab und haben Abteilungen u.a. für Kinder- und Zahnmedizin.

✚98 [E7] **American Medical Clinic (Amerikanskaja Klinika),** www.amclinic.com, Nab. Reki Mojki 78, Tel. 8127402090, Metro: Sennaja Pl. Mit bestimmten deutschen Versicherern rechnet die Klinik direkt ab (s. Website), d. h. Vorabzahlungen vor Ort entfallen.

✚99 [I5] **EUROMED-Clinic,** Suworowskij Pr. 60, Tel. 8123270301, http://euromed.ru, Metro: Tschernyschewskaja

✚100 [G6] **Medem International Clinic,** http://medem.ru/en, Ul. Marata 6, Tel. 8123363333, Metro: Majakowskaja, Pl. Wosstanija

- **Krankenwagen:** Tel. 03

Kindermagnet: der „Rittersaal" in der Eremitage ❷

Mit Kindern unterwegs

Reisen in unbekannte, große Städte können mit **sehr kleinen Kindern** schnell zur nervenzehrenden Herausforderung werden. Von Petersburgreisen mit ganz kleinen Kindern (unter vier Jahren) ist eher abzuraten. Den Kinderwagen in öffentlichen Verkehrsmitteln zu transportieren oder über die verkehrsumtosten Prospekte der Innenstadt zu schieben, gereicht wohl nur Hartgesottenen zur Freude. Immerhin: Die Anzahl schön angelegter, neuer Kinderspielplätze steigt. Eine Oase für Eltern mit kleinen Kindern ist z. B. der **Spielplatz am Senatsplatz vor der Admiralität** 3.

Für **größere Kinder**, etwa ab sechs oder sieben Jahren, dürfte sich dagegen problemlos ein aufregendes und kindgerechtes Besuchsprogramm gestalten lassen. Eine tolle, neue – ebenso kinder- wie elternfreundliche – Attraktion ist sicherlich das 2016 eröffnete **Kultur- und Erholungsareal auf der Insel Neu-Holland** (s. S. 88): Es gibt u. a. ein riesiges Kletterboot aus Holz und von November bis März ist eine Eislaufbahn in Betrieb. Großen Eindruck auf Kinder macht garantiert die **Peter-Paul-Festung** 31. Dicke Mauern, Wassergräben, Bastionen, die teils bestiegen werden können, und die Möglichkeit, nach Herzenslust herumzutoben, machen die Anlage zu einem schönen Ausflugsziel, an dem sich problemlos ein halber Tag verbringen lässt. Nicht verpassen sollte man die kleine **Hasenstatue** an der Ioannowskij-Brücke: Sie gilt es, mit einer Münze zu treffen, dann ist die Rückkehr in die Stadt gewiss. Im hinter der Festung gelegenen Kronwerk sind alle herausragenden Petersburger Bauwerke als detailgetreue Bronzeskulpturen zu bestaunen – dieses **Miniatur Petersburg** begeistert nicht nur Kinder (geöffnet: tägl. 8–20 Uhr, Eintritt frei, gleich hinter der Metro Gorkowskaja).

Freunde von Miniaturwelten können ein gewaltiges **Mini-St. Petersburg**, das **Petrowskaja Akwatorija**, auch noch mal drinnen und in wesentlich kleinerem Maßstab bewundern: Im oberen Stockwerk des Admiral-Shoppingcenters glänzt und glitzert auf einer Fläche von 500 m² ein detailgetreues, interaktives Petersburg des 18. Jh. – Kinder können mittels Knöpfen die Miniwelt zum Leben erwecken und sind für gewöhnlich restlos begeistert.

Ein weiteres Highlight für jedes Kind dürfte an einem sonnigen Wochentag die Reise nach **Peterhof** 48 sein, angefangen bei der Anfahrt mit dem „Meteor“. Im **Unteren Park** sorgen die Scherzbrunnen für Spaß und nasse Kleidung – unbedingt Wechselsachen mitnehmen (und den Mückenschutz nicht vergessen). Der durch die Decke ziehbare Tisch in der **Peterhofer Eremitage** sorgt für Staunen, die anderen Paläste kann man Kindern sicher ersparen.

Ein Aufstieg auf die **Kolonnade der Isaakskathedrale** 5 dürfte diese klassische Sehenswürdigkeit auch für Kinder zum unvergesslichen Erlebnis machen. Auch **Bootstouren** durch die Stadt wird wohl jedes Kind spannend finden. Nicht zuletzt gibt es eine ganze Reihe spannender Museen, allen voran das **Zoologische Museum** (s. S. 66) mit dem Mammutbaby „Dima“ und **das Arktis- und Antarktismuseum** 28. Eine neuere Einrichtung ist das **Grandmaket** (s. S. 66), das ganz Russland in Miniatur abbildet – noch wesentlich spektakulärer als das Petrowskaja Akwatorija, aber auch wesentlich weiter außerhalb gelegen, nichtsdestotrotz eine weitere Option, dem Nachwuchs einen schönen Ausflug zu bescheren. Und natürlich gilt: Kinder, die Zirkusbesuche zu schätzen wissen, sind in Petersburg an der richtigen Adresse!

•101 [F6] **Großer Staatlicher Zirkus von St. Petersburg,** Nab. Reki Fontanki 3, Metro: Gostinyj Dwor, www.circus.spb.ru, Spielplan s. Website. Kindgerechte Spielzeiten um 13 oder 15 Uhr.

•102 [E6] **Petrowskaja Akwatorija,** Mal. Morskaja 4, Metro: Admiraltejskaja, tägl. 10–22 Uhr, Eintritt: 400 Rub, Kinder 200 Rub

Notfälle

Notrufnummern

- **Feuerwehr:** Tel. 01
- **Polizei:** Tel. 02 (englischsprachiger Service: 1649787)
- **Krankenwagen:** Tel. 03
- **24-Std. „Tourist Helpline“** (englischsprachig, gebührenfrei): 8123030555
- Für konsularische Notfallnummern siehe Abschnitt „Diplomatische Vertretungen“

Im Falle eines Diebstahls o. Ä. hilft die Touristeninformation (s. S. 112) bei der Erstattung einer Anzeige.

Kartenverlust

Bei **Verlust der Debit-(EC-), Kredit-** oder **SIM-Karte** gibt es für Kartensperrungen eine **deutsche Zentralnummer** (unbedingt vor der Reise klären, ob die eigene Bank bzw. der jeweilige Mobilfunkanbieter diesem Notrufsystem angeschlossen ist). **Aber Achtung:** Mit der telefonischen Sperrung sind die Bezahlkarten zwar für die Bezahlung/Geldabhebung mit der PIN gesperrt, nicht jedoch für das **Lastschriftverfahren mit Unterschrift.** Man sollte daher auf jeden Fall den Verlust zusätzlich **bei der Polizei zur Anzeige bringen**, um gegebenenfalls

Eine Sehenswürdigkeit für sich: die Jugendstilhalle der Hauptpost

auftretende Ansprüche zurückweisen zu können.

In **Österreich** und der **Schweiz** gibt es keine zentrale Sperrnummer, daher sollten sich Besitzer von in diesen Ländern ausgestellten Debit-(EC-) oder Kreditkarten vor der Abreise bei ihrem Kreditinstitut über den zuständigen Sperrnotruf informieren.

Generell sollte man sich immer die **wichtigsten Daten** wie Kartennummer und Ausstellungsdatum **separat notieren**, da diese unter Umständen abgefragt werden.

› **Deutscher Sperrnotruf:** Tel. +49 116116 oder Tel. +49 3040504050 (bei Anrufen aus dem Ausland soll diese Nummer besser erreichbar sein als die 116116)
› **Weitere Infos:** www.kartensicherheit.de, www.sperr-notruf.de

Wem das Portemonnaie/die EC-Karte stibitzt wird, der kann sich problemlos über **Western Union** von Zu Hause Bargeld schicken lassen – vorausgesetzt, er ist noch im Besitz des Passes, der zwingend zur Abholung der Geldsendung benötigt wird.

› Unzählige Filialen, auch in vielen Banken und Wechselstuben, z. B. in der Wiking Bank (ВИКИНГ БАНК), Newskij Pr. 35, tägl. 10–22 Uhr

049sp Abb.: bij

Öffnungszeiten

In diesem Reiseführer sind zu allen Shopping-, Ausgehtipps und Sehenswürdigkeiten stets auch die Öffnungszeiten angegeben.

Achtung: Wer nur kurz in der Stadt verweilt, sollte **Museumsbesuche** vorab unbedingt anhand der Wochentage planen! Nichts ist ärgerlicher, als ein Museum ausgerechnet an seinem Schließtag aufzusuchen und dann nicht mehr die Zeit für einen Besuch an einem anderen Tag zu haben. **Museumskassen schließen oft eine halbe Stunde, mitunter gar eine Stunde vor Ende der offiziellen Öffnungszeit!** Im **Winter** schließen Museen oft etwas früher, meistens eine Stunde vor der Sommerschließzeit.

An **offiziellen Feiertagen** sind Banken und öffentliche Ämter geschlossen. Museen und Geschäfte bleiben i. d. R. geöffnet (eine gewisse Ausnahme sind der 1.1. und der 9.5.).

Post

Die **Hauptpost** ist allein wegen ihrer prächtigen Jugendstilhalle einen Besuch wert. Sie liegt unweit der Isaakskathedrale in der Potschtamtskaja Ul. 9. Hier kann man alle postalischen Dienstleistungen in Anspruch nehmen. Bei Briefmarkensammlern wird die große Philatelie-Abteilung das Herz höher schlagen lassen (ww.pochta.ru). Öffnungszeiten: 24/7 ohne Pause.

Gäste besserer **Hotels** können ihre Post meist gleich dort aufgeben. Dort gibt es auch Briefmarken. Eine Postkarte von Petersburg nach Deutschland ist mind. zwei Wochen unterwegs und kostet 40 Rub.

Radfahren

Fahrradfahrer sind in Petersburg Exoten. Radwege sind unbekannt, der Autoverkehr martialisch. Daher ist von **Radtouren in der Innenstadt eher abzuraten.** Wer sein Glück dennoch auf die Probe stellen möchte, kann hier Fahrräder leihen:

- •103 [F7] **Friends Hostel,** Bankowskij Per. 3, Metro: Newskij Pr. Die kleine Hostelkette verleiht auch Fahrräder, für Preise und weitere Verleihpunkte s. Webseite: www.en.friendsplace.ru/services/bikes.
- •104 [E7] **RentBike,** Efimowa Ul. 4a, www.rentbike.org, tägl. rund um die Uhr geöffnet. Eingang nicht ganz leicht zu finden, hinter dem PIK-Kaufhaus in der Efimowa links über den Parkplatz, dann in die Einfahrt und wieder links (s. auch Website).
- › Auch viele der unter „Stadttouren" (s. S. 120) genannten Anbieter haben eine Stadterkundung per Fahrrad im Programm.

Sport und Erholung

Der Besuch der *Banja* (Sauna) ist Teil der russischen Kultur. Das Sauna-Prozedere unterscheidet sich von dem hierzulande bekannten und wird von den Gästen mit Inbrunst praktiziert – vor allem die Länge und Intensität des Saunierens kann Ungeübte, die es den Einheimischen gleichtun wollen, leicht an den Rand eines Kreislaufkollapses bringen. Gesaunt wird nackt und nach Geschlechtern getrennt. Traditionell gibt es einen Saunaraum zum Anschwitzen und einen zweiten, der geradezu mörderisch heiß ist und nach der ersten Akklimatisierung aufgesucht wird. Dazwischen erfrischt man sich in einem Pool mit eiskaltem Wasser. Zu jedem Saunabesuch gehört das Abschlagen des Körpers mit dem *Wenik,* einem Bündel aus Birkenzweigen. Man legt sich dazu auf die Saunabank und überlässt das Schlagen einem anderen Saunagast. Das Schlagen regt die Blutzirkulation an. Nicht vergessen: Vor dem Schlagen muss der *Wenik* im Wasser aufgeweicht werden (mind. 10 Minuten!) – sonst wird es schmerzhaft!

- •105 [G7] **Jamskie Bani,** Ul. Dostoewskogo 9, Metro: Dostoewskaja, www.yamskie.ru., geöffnet 8–21 Uhr. Neben den Luxusbereichen gibt es noch die gute alte Gemeinschaftssauna.

Sicherheit

St. Petersburg ist eine Stadt **großer sozialer Gegensätze.** Wer sich außerhalb des touristischen Zentrums bewegt, sollte sich dessen bewusst sein und sich entsprechend umsichtig verhalten. Im Stadtzentrum selbst sollte man sich vor **Taschendieben** hüten: Diese operieren besonders in der Metro, sowie auf dem Newskij Prospekt zwischen Schlossplatz ❶ und Gostinyj Dwor ㉓, an der Bluterlöserkirche ⑮ und auch in Peterhof ㊽. Beliebte „Arbeitsplätze" sind Metroeingänge und Warteschlangen – dort also, wo das Gedränge am größten ist. Grundsätzlich gilt: Wertsachen sind am besten in Brustbeuteln und „Geldkatzen" aufgehoben, nicht aber in Hand-, Jacken- und Hosentaschen oder im Rucksack. Im Café sollten Rucksack, Handtasche und Jacke immer im Auge behalten werden. Auch der **Fotoapparat** sollte nicht gleich sichtbar um den Hals gehängt transportiert, sondern in der Fototasche verstaut sein, an der man stets eine Hand haben sollte.

Teils unangenehm sind **Betrunkene,** die einem zu jeder Tages- und Nachtzeit über den Weg laufen können. Wer

Infos für LGBT+

Die allgemeine Stimmung in der russischen Gesellschaft ist ***ausgesprochen homophob.*** *Homosexualität ist zwar legal, aber die Gesetzgebung gegen „homosexuelle Propaganda" wurde 2013 weiter verschärft - auch in St. Petersburg ist dies ein Straftatbestand. Erschütternd ist die oft* ***implizite Gleichsetzung von Homosexualität und Pädophilie.*** *Eine gewichtige Rolle bei der Diffamierung Homosexueller spielt nach wie vor die orthodoxe Kirche.*

Seit 2010 findet auf dem Marsfeld alljährlich die Petersburger ***„Gay Pride"*** *statt. Auch wenn die Zeit großangelegter Übergriffe auf die Demonstrationsteilnehmer der Vergangenheit anzugehören scheint, gab es auch im August 2017 wieder Angriffe auf die etwas mehr als 100 Demonstranten. Eine kleine Gruppe nationalistisch gesonnener Jugendlicher attackierte nach dem Ende der Veranstaltung Teilnehmer mit Pfefferspray, die Täter entkamen unbehelligt.*

Wer als schwules oder lesbisches Pärchen in der Stadt unterwegs ist, sollte sich in der Öffentlichkeit diskret verhalten. Nichtsdestotrotz ist die Petersburger Szene sehr lebendig.

- *Die Seite http://english.gay.ru gibt sehr gute Auskünfte über die Lage im Land und in der Stadt sowie Tipps über Ausgehmöglichkeiten in Petersburg inkl. ausführlicher Beschreibungen der Locations.*
- *Eine lokale Selbsthilfeseite ist http://comingoutspb.com.*
- *Seit 2007 findet in Petersburg Jahr für Jahr das „Bok o bok"-Filmfestival statt, auf dem internationale Filme zum Thema LGBT gezeigt werden (www.bok-o-bok.ru).*
- *Ein guter Kontakt ist auch Quarteera e. V., ein in Berlin ansässiger Verein russischsprachiger Schwuler und Lesben, die sich für die Rechte Homosexueller im postsowjetischen Raum engagieren (www.quarteera.de).*

angesprochen wird: Unbedingt ignorieren und sich zügig von der betreffenden Person entfernen. Besondere Umsicht sollten homosexuelle oder Reisende „anderer Hautfarbe" walten lassen, **homophobe und rassistische Angriffe** kommen vor!

Fußballfans, die zu Auswärtsspielen bei **Zenit St. Petersburg** fahren, sollten außerhalb des Stadions auf das Tragen von Fankluft verzichten. Brutale Übergriffe auf Fans sind vorgekommen.

Auch der **rücksichtslose Verkehr** in der Stadt ist eine Gefahrenquelle – besser auch mal auf die eigene Vorfahrt verzichten, lautet die Devise.

Sprache

Gesprochen wird selbstverständlich Russisch und es wäre grundverkehrt, von allerorts vorhandenen englischen Sprachkenntnissen auszugehen. Gleichwohl wurde für Touristen mittlerweile viel getan, sodass man **im Stadtzentrum auch ohne Russischkenntnisse** kaum Probleme haben wird. Metropläne und Straßennamen sind englisch untertitelt, viele Lokale haben englische Menüs, in fast allen Museen sind englische Texte verfügbar. Auch das Museums- und Hotelpersonal verfügt meist immer über Englischkenntnisse. Verständigungsprobleme sind also nur außerhalb der von ausländischen Touristen frequentierten Gegenden zu erwarten. Es lohnt sich dennoch, sich vor der Reise mit dem **kyrillischen Alphabet** vertraut zu machen – es vereinfacht die Orientierung letztlich ungemein. Eine kleine **Sprachhilfe Russisch** findet sich im Anhang.

Eine sehr empfehlenswerte Hilfe für Russischunkundige ist der Sprachführer „Russisch Wort für Wort" aus der Kauderwelsch-Reihe, erschienen im Reise Know-How Verlag.

Stadttouren

An privaten Stadtführern und auf Stadtrundgänge spezialisierten Veranstaltern gibt es wahrlich keinen Mangel. Hier seien nur folgende erwähnt:

- **City Tour,** http://citytourspb.ru – Stadterkundung mit dem Doppeldeckerbus: zweistündige Rundfahrt zu allen bekannten Sehenswürdigkeiten. Ein mehrsprachiger Audioguide informiert während der Fahrt. Das Ticket ist den ganzen Tag gültig, man kann entlang der festen Route aus- und einsteigen, wie es einem gefällt.
- **Peter's Walk,** www.peterswalk.com – englischsprachige Stadtrundgänge zu interessanten Themen: Oktoberrevolution, Leningrader Blockade, auf den Spuren Dostojewskijs oder Rasputins usw. Auch Kneipentouren oder Stadterkundung per Fahrrad sind im Angebot. Junge, kompetente und freundliche Guides.
- **Petersburg Voyage,** http://petersburg-voyage.com – seriöser Anbieter, Stadterkundungen zu den bekannten Sehenswürdigkeiten, aber auch spezielle Rundgänge (etwa jüdisches St. Petersburg). Eine Stadtbesichtung für Gehbehinderte gibt es ebenfalls.
- **St. Petersburg Best Guides,** www.bestguides-spb.com – Spannende Rundgänge zu allen bekannten und vielen unbekannten Sehenswürdigkeiten: Erarta, Smolnyj-Institut, Kirow-Museum, Backstage ins Mariinskij und die Ballettakademie u. v. m., auch deutschsprachige Reisebegleitung, Transfer.

Telefonieren

Nach Petersburg

Die Ländervorwahl von **Russland** lautet **007**, die Vorwahl von **St. Petersburg 812.** Es gibt in Deutschland viele günstige Vorwahlnummern, die Festnetzanrufe nach Russland sehr günstig machen.

Innerhalb Petersburgs sind Telefongespräche im Festnetz kostenfrei. Vorwahlen entfallen. Wer von Petersburg aus eine andere russische Stadt anwählt, wählt eine 8 und danach die entsprechende Vorwahl der Stadt.

Auslandsgespräche von Petersburg aus

- **Vorwahlnummern ins Ausland:** Wer von Petersburg ins Ausland telefoniert, muss erst eine 8 wählen und dann das Freizeichen abwarten. Es folgt die 10 und dann die entsprechende Ländervorwahl (ohne die Doppelnull) und die Ortsvorwahl, wiederum ohne Null. Ein Anruf nach Deutschland beginnt also mit 81049, nach Österreich werden 81043 und in die Schweiz 81041 gewählt.
- Es gibt zwar **öffentliche Telefone,** die mit Telefonkarten funktionieren, da diese aber außerhalb von Postgebäuden kaum zu finden sind, ist das Telefonieren mit Telefonkarte eine wenig prak-

tische Sache. Der Autor empfiehlt den **Kauf einer russischen SIM-Karte.** Zum Kauf einer Prepaid-Karte muss im Mobilfunkladen (z. B. Megafon) der Ausweis vorgelegt und auch eine Petersburger Adresse (z. B. die des Hotels) angegeben werden. Um den günstigsten Tarif auszuwählen, sollte man erklären, wohin man bevorzugt telefoniert. Schließlich erhält man seine russische Handy-Nummer. Bei Bedarf lässt sich das Guthaben jederzeit wieder aufladen. Dazu kann man einen Handyladen des Providers aufsuchen, ansonsten befinden sich automatische Aufladeterminals in nahezu allen Supermärkten, Metrostationen etc. Hier zahlt man allerdings eine Kommission (meist 8 %).

- Bei Auslandstelefonaten vom **Hotel** sollte man sich vorab über die Kosten informieren. Mitunter sind die Telefonate aber recht günstig, oft ab ca. 7 Rub die Minute.
- Auch auf **Postämtern** können internationale Gespräche vermittelt werden, das ist sogar meist günstiger als das Telefonieren mit Telefonkarten.
- Wer von seinem **Handy mit deutscher SIM** telefonieren möchte, sollte sich vorab bei seinem Anbieter über die **Roaming-Gebühren** erkundigen. Sinnvoller ist meist, sich auf das Schreiben von SMS-Nachrichten zu beschränken. Viele Reisende nutzen auch im Ausland eine **mobile Datenverbindung.** Dies ist jedoch häufig mit hohen Kosten verbunden. Man sollte daher vor der Reise bei seinem Netzbetreiber Informationen über evtl. günstigere Auslandsdatenpakete einholen oder zur Sicherheit die Mobile-Daten-Option deaktivieren und nur über kostenlose WLAN-Netze ins Internet gehen.

Achtung: Russische Handynummern in Russland anzutelefonieren kann infolge verschiedener Tarifstufen (und Vorwahlen) kompliziert sein: Wenn man mit einer neuen Bekanntschaft die Nummer tauscht, beim Einspeichern gleich testen, ob das Antelefonieren funktioniert. Wichtig ist zudem, dass jede russische Region ihr eigenes Mobilnetzwerk hat – wer z. B. von Petersburg nach Moskau telefoniert, befindet sich im Roaming und das kann durchaus etwas teurer werden.

Uhrzeit

Eine seltsame Posse erlebte Russland mit der **Abschaffung der Winterzeit 2011.** Die nun noch düstereren Wintervormittage schlugen den Menschen derart aufs Gemüt, dass zum **Oktober 2014 die Wiedereinführung der Winterzeit** beschlossen wurde. Zudem wurde nun die Sommerzeit abgeschafft – seit 2015 gilt das ganze Jahr über die Winterzeit. Der **Zeitunterschied** zur Mitteleuropäischen Zeit (MEZ) beträgt also plus zwei Stunden im Winter und plus eine Stunde im Sommer.

Unterkunft

Die Hotelszene in Petersburg ist fast unüberschaubar. Alle internationalen Hotelketten (Kempinski, Radisson, Holiday Inn...) sind in der Stadt vertreten, auch der Luxusbereich ist gut abgedeckt. Diese Auswahl konzentriert sich mit wenigen Ausnahmen auf Angebote im günstigeren Preissektor, inkl. Mini-Hotels und Hostels.

Gebucht werden kann direkt über die Hotels, aber auch über die bekannten Portale, z. B. HRS (www.hrs.de) oder Booking (www.booking.com). Oft gibt es dabei gute Preisnachlässe.

Preiskategorien

Preis für das günstigste Doppelzimmer pro Nacht inkl. Frühstück. Die Kategorisierung ist ein Richtwert, die Preise können saisonal nach oben oder unten ausschlagen.

€	bis 50 Euro
€€	50–100 Euro
€€€	100–150 Euro
€€€€	150–200 Euro
€€€€€	über 200 Euro

Für Individualreisende könnte auch eine Reise als Couchsurfer interessant sein: www.couchsurfing.org. Eine gute Option, eine Wohnung von einer Privatperson zu mieten, bietet z. B. das Portal www.airbnb.de.

050sp Abb.: bij

Hotels

106 [E6] **Art Hotel Rachmaninow** €€€, Kasanskaja Ul. 5, Metro: Newskij Pr., Tel. +7 812 5719778, http://en.hotelrachmaninov.com. **Verströmt eine Atmosphäre von Kunst und Kultur:** 2003 eröffnetes, stilvoll antik eingerichtetes, recht kleines Hotel (25 Zimmer). Im Haus residierte einst der bekannte Komponist. Das Hotel fungiert auch als Galerie. Gute Lage an der Kasaner Kathedrale. Man sollte bei der Buchung auf die Preisnachlässe achten.

107 [E6] **Astoria** €€€€€, Bol. Morskaja Ul. 39, Metro: Admiraltejskaja, Tel. +7 812 4945757, www.roccofortehotels.com/hotels-and resorts/hotel-astoria. **Nobel, renommiert und geschichtsträchtig:** Das Jugendstilhotel am Isaaksplatz muss einfach genannt werden. Lang ist die Liste weltberühmter Gäste. Zimmer auf modernstem Stand, stilvoll und geräumig. Der Luxus hat aber seinen Preis!

108 [E6] **Herzen House** €€€, Bol. Morskaja Ul. 25, Metro: Admiraltejskaja, Tel. +7 812 3155550, www.herzen-hotel.com. **Klein und familiär:** Hotel im 4. Stock eines historischen Wohnhauses. Die Zimmer bestechen durch Sauberkeit und komfortable Betten, der Service durch seine Freundlichkeit. Beste Lage.

109 [I7] **Hotel Moskwa** €€, Pl. Aleksandra Newskogo 2, Metro: Pl. Aleksandra Newskogo, Tel. +7 812 3332444, www.hotel-moscow.ru. **Typisches Reisegruppenhotel:** direkt gegenüber vom Newskij-Kloster, kein Augenschmaus, aber relativ günstig, sauber und gleich an der Metro. Zimmer wenig kreativ, aber funktional.

110 [H6] **Oktjabrskaja** €€, Ligowskij Pr. 10, Metro: Pl. Wosstanija, Tel. +7 812 6555004, www.oktober-hotel.ru. **Schlicht und recht günstig:** Der Petersburger Hotel-Klassiker ist aufgrund seiner Größe vor allem auf Reisegruppen spezialisiert – zur Hauptsaison ist mit dem üblichen Gewühle in der Lobby zu rechnen.

111 [E6] **Petro Palace Hotel** €€€€, Mal. Morskaja Ul. 14, Metro: Admiraltejskaja, Tel. +7 812 5713006, www.petropalacehotel.com. **Unschlagbar für diese Lage:** nur wenige Gehminuten vom Schlossplatz entfernt. Das Hotel residiert in einem prächtigen Altbau. 2013 wurden alle Zimmer komplett renoviert: Sie sind groß, hell und auf internationalem Stand, teils barrierefrei.

Mini-Hotels

Die hier gelisteten **Mini-Hotels** sind alle in Altbauwohnungen untergebracht und teils im Grenzbereich zwischen Hostel und B&B zu verorten. Gäste sollten sich vorab darüber im Klaren sein, dass die Treppenhäuser mitunter einen etwas schäbigen Eindruck erwecken können und Fahrstühle meist inexistent sind. Dessen ungeachtet, bestechen die hier gelisteten Minis samt und sonders durch ihre Sauberkeit, den günstigen Preis, ihren freundlichen, familiären Service und ihre zentrale Lage. Wie der Name Mini-Hotel suggeriert, gibt es nur wenige Zimmer, daher gilt: früh buchen!

112 [H5] **33 Udowolstwija** €€, Ul. Wosstanija 36, Metro: Tschernyschewskaja, Tel. +7 812 2725408, www.comfort33.ru. **Klein, schnuckelig und familiär:** 2007 eröffnet, sieben Zimmer, teils charmant im „alten Petersburger Stil" eingerichtet. Küche für Selbstversorger. An der Tür weist lediglich eine „33" auf den Eingang hin, der Türcode lautet ebenfalls „33". Mittlerweile gibt es ein Schwesterhotel in der Ul. Tschechowa.

113 [G5] **Art Hotel Mokhovaya** €€, Ul. Mochowaja 27–29, Metro: Tschernyschewskaja, Tel. +7 812 7407585, http://art-hotel.ru/moh. **Sympathische, gepflegte Alternative im günstigeren Preissektor:** 14 Zimmer. Super Serviceangebote. Eingang im Hof, zwischen den Häusern Nr. 25 und 27.

114 [H5] **Art Hotel Radischev** €€, Ul. Radischtschewa 26, Metro: Tschernyschewskaja, Tel. +7 812 7777959, http://art-hotel.ru/rad. **Empfehlenswertes Schwesterhotel des Mokhovaya:** verfügt nur über 6 Zimmer. Eingang: Die Tür, die im Gebäudekomplex ganz rechts lokalisiert ist (eigentlich eher Nr. 28).

115 [E6] **Pension Griboedova 29** €€, Nab. Kan. Griboedowa 29, Tel. +7 812 9139657, Metro: Newskij Pr., http://petersburg-hotel.com. **Wunderbar und in bester Lage:** Minihotel unter Schweizer Führung. Vier Zimmer in renovierter Wohnung, Küche für Selbstversorger, jede Menge Serviceleistungen, z. B. Transfer, deutschsprachige Stadtführungen und Exkursionen (Peterhof, Katharinenpalast).

EXTRAINFO

Buchungsportale

Neben Buchungsportalen für **Hotels** (z. B. www.booking.com, www.hrs.de oder www.trivago.de) bzw. für **Hostels** (z. B. www.hostelworld.de oder www.hostelbookers.de) gibt es auch Anbieter, bei denen man **Privatunterkünfte** buchen kann. Portale wie www.airbnb.de, www.wimdu.de oder www.9flats.com vermitteln Wohnungen, Zimmer oder auch nur einen Schlafplatz auf einer Couch. Diese oft recht günstigen Übernachtungsmöglichkeiten sind nicht unumstritten, weil manchmal normale Wohnungen gewerblich missbraucht werden. Einige Städte greifen deshalb regulierend ein.

Nobel: das Hotel Astoria

Hostels

Viele Petersburger Hostels liegen mitten im Zentrum in geräumigen Wohnungen. Sie sind – im Gegensatz zu vielen günstigeren Hotels – immer sehr kreativ, liebevoll, mitunter gar ausgesprochen stylish eingerichtet und bieten jede Menge guten Service: Standard sind z. B. Schließfächer, Gemeinschaftsraum, WLAN, Frühstück (wenn auch mitunter sehr bescheiden!), Küche, Waschmaschine, kostenfreier Tee und Kaffee. Die Mitarbeiter sind zudem jung, freundlich und sprechen gut Englisch. Wegen der geringen Kapazitäten für EZ und DZ sollte man früh buchen. **Achtung:** DZ haben meist ein geteiltes Bad, Website studieren! Die hier gelisteten Hostels zählen fraglos zu den besten der Stadt, zahllose weitere Angebote finden sich auf der Seite www.german.hostelworld.com, über die auch gebucht werden kann.

116 [F6] **Baby Lemonade Hostel** €, Inschenernaja Ul. 7, Metro: Gostinyj Dwor, Tel. +78125707943, http://epoquehostels.com. **Zimmer im Designer-Stil und super Lage:** am Russischen Museum/Michaelsschloss. Wegen des großen Erfolgs des Hostels haben die Betreiber mittlerweile eine Reihe weiterer guter Hostels im Angebot (s. Website), eine Alternative, sollte das Lemonade mal ausgebucht sein.

117 [G6] **Life Hostel** €, Newskij Pr. 47, Eingang: Wladimirskij Pr. 1, Metro: Majakowskaja, Tel. +7 812 3181808, http://hostel-life.ru. **Sehr ordentliches Hostel in toller Lage:** nicht ganz so konzeptionell durchgestylt, was aber nicht weiter ins Gewicht fällt. Guter Service (Internet, Ticketbuchung, Transfers, Stadtführungen usw.).

118 [E6] **Mir Hostel** €, Newskij Pr. 16, Metro: Admiraltejskaja, Tel. +7 911 7024408, http://mirhostel.com. **Eine bessere Lage kann man sich nicht wünschen:** Zur Eremitage sind es kaum drei Minuten. Ordentliches Backpackerhostel, das auch u. a. gute DZ anbietet. Das Mir bietet auch weitere Unterkünfte an, darunter ein im Sowjet-Retrostil gestyltes Apartment (s. Website).

119 [E6] **Soul Kitchen Hostel** €€, Nab. Reki Mojki 62/2, Apt. 9, Metro: Admiraltejskaja, Tel. +7 965 8163470, www.soulkitchenhostel.com. **Mehrfach preisgekrönt – und das zu Recht!** Das Soul Kitchen ist, was Komfort, Freundlichkeit, Atmosphäre und Zimmerdesign anbelangt, eine Klasse für sich. Toplage, aber auch ein bisschen teurer als die Konkurrenz. Früh buchen!

Verhaltenstipps

Warum nicht mal so?

- **Sich das kyrillische Alphabet aneignen:** Das ist kein Hexenwerk und erleichtert die Orientierung ungemein. Es fühlt sich auch schlicht gut an, wenn aus Hyroglyphen plötzlich verständliche Wörter werden: Пицца bedeutet z. B. nichts anderes als „Pizza“.
- **Auf angemessene Kleidung achten:** In Kirchen sollten Arme und Beine nicht entblößt sein, Frauen *müssen* das Haar mit einem Tüchlein/Schal bedecken. Auch der Besuch von Museen, Friedhöfen und klassischen Konzerten in Shorts und Flip Flops dürfte zumindest Befremden hervorrufen.
- **Bei Einladungen eine Kleinigkeit schenken:** Blumen aber nicht in gerader Zahl kaufen – Sträuße mit gerader Zahl sind Beerdigungen vorbehalten. **Und nie sagen, dass man keinen Hunger hat!**
- In **Wohnungen Straßenschuhe ausziehen** und die Hausschuhe des Gastgebers überstreifen, auch wenn diese, nun ja,

benutzt aussehen mögen. Auch in Hostels und manchen Hotels werden Straßenschuhe generell ausgezogen und Slipper übergestreift.

- **Einen Toast aussprechen:** Die Herzen der Gastgeber erobert man im Sturm, wenn man selbst einen der obligatorischen Toasts vor dem Wodkagenuss anbringt.

  Die übliche Reihenfolge lautet: *Sa sdarowe! Sa druschbu! Sa ljubow! Sa tech, kto w more!* (Auf die Gesundheit, die Freundschaft, die Liebe, die Seeleute).

So besser nicht

- **Die Größe der Stadt unterschätzen:** Petersburg ist riesengroß, auch wenn einem der Stadtplan vielleicht anderes suggeriert. Allein der Newskij-Abschnitt vom Alexandergarten zum Litejnyj Pr. beträgt 2 km! Also: Gutes Schuhwerk einpacken und auch mal die Metro benutzen.
- **Sich über die Verkehrsführung ärgern:** Straßenquerungen gestalten sich an den großen Plätzen und Prospekten mitunter schwierig: Oft muss man 250 bis 300 (oder noch mehr) Meter laufen, bis eine Ampel kommt. Auf keinen Fall versuchen, die Straße auf eigene Faust zu queren. Das kann lebensgefährlich sein!
- **Frauen stürmisch die Hände schütteln (und beim Date zahlen lassen):** Das ist in Russland generell unüblich. Frauen reagieren pikiert auf eine entgegengestreckte Hand, ebenso wie auf die Rechnung.
- **In der Metro stur sitzen bleiben,** auch wenn alte Menschen oder Mütter mit Kindern einsteigen.

051sp Abb.: sas

Achtung, Eichhörnchen! Das Schild auf der Elagin-Insel hat tatsächlich seine Berechtigung.

- **Die Reinigungswagen aus den Augen verlieren:** Sie spritzen die Bürgersteige ab, auch wenn dabei Passantenbeine nass werden ...
- **Mit Russen um die Wette trinken:** Keine Chance! Wer bei Einladungen nicht trinken möchte, sollte auf seine Leber weisen und murmeln, dass der Arzt einem das Trinken leider untersagt habe – das wird allgemein als seriöser Grund anerkannt. Wer genug hat: das Gläschen halb voll lassen. Ein leeres Glas wird ein höflicher Gastgeber sofort wieder füllen ...

Verkehrsmittel

Der **öffentliche Nahverkehr** ist in Petersburg **sehr gut ausgebaut,** günstig und lässt – bis auf die fehlende Behindertenfreundlichkeit und die vollen Abteile zur Stoßzeiten – wenig Wünsche offen. Als Tourist gelangt man schnell zu den gewünschten Sehenswürdigkeiten und erhascht als Bonus auch noch einen Einblick in die alltäglichen Lebenswelten der Stadtbewohner.

- **Achtung:** Ein **Nachtverkehr** ist wenig existent, auch wenn seit 2012 Nachtbusse eingeführt wurden. Nach Mitternacht verbleibt einem meist nur das Taxi oder der Fußmarsch nach Hause. In der Saison (meist von Ende April bis zur ersten Novemberhälfte) teilen nachts die für den Bootsverkehr **hochgeklappten Newa-Brücken** die Stadt quasi in zwei Hälften! Wer auf der Admiralitätsseite wohnt und sich nachts auf der Petersburger Seite vergnügt, sollte zusehen, bis etwa 1 Uhr wieder auf „seine" Seite zurückzukehren. Die Brücken werden von etwa 1.25 Uhr bis 5 Uhr morgens hochgeklappt und nur gegen 3 Uhr noch einmal für einen kurzen Moment hinuntergelassen. Mit dem Verkehrsplaner http://transport.orgp.spb.ru lassen sich bequem die besten Verbindungen von Punkt A nach Punkt B finden.

Metro

Schönstes Fortbewegungsmittel der Stadt ist zweifellos die Metro (www.metro.spb.ru). Die teils **architektonisch sehr aufwendigen Stationen** und die endlosen Rolltreppenfahrten – die Petersburger Metro ist die durchschnittlich am tiefsten gelegene der Welt – machen die Reise mit der Untergrundbahn zum Erlebnis. Besonders prunkvoll sind die Stationen der Linie 1, die als spektakuläre **„Paläste des Sowjetvolkes"** erbaut wurden. Diese Linie wurde 1955 eröffnet und führte zunächst von der Station Awtowo zum Platz des Aufstands 30. Die Station Awtowo, die als prächtigste der Stadt gilt, erinnert an die Verteidiger Leningrads, die Station am Platz des Aufstands 30 wurde als Gedenkort der Oktoberrevolution konzipiert.

Heute gibt es fünf Linien, die Züge verkehren etwa zwischen 5.45 Uhr und 0 Uhr. Die Taktung ist hoch: Außer sehr früh morgens und später am Abend fahren Züge im Schnitt alle 2 bis 3 Min. Eine Fahrt kostet 45 Rub. Man kauft die münzartigen **Jetons** für die Fahrt an den Kassenhäuschen vor dem Durchlass – dieser öffnet sich nach Einwurf des Jetons. Hat man die Barriere passiert, kann man so weit fahren und so oft umsteigen wie man möchte.

- Wer etwas öfter fährt, kann sich, ebenfalls an der Kasse, eine 10-Fahrten-Karte besorgen (355 Rub), die sieben Tage gültig ist und bei Bedarf wieder aufgeladen werden kann.
- Die **Metropläne** auf dem Bahnsteig und im Zug sind alle zweisprachig. Vom einfahrenden Zug aus sind die **Stationsschilder kaum je erkennbar,** wer die Ansagen im Zug nicht versteht, sollte im Vorhinein die Stopps bis zur Zielstation ab- und während der Fahrt mitzählen (oder einen anderen Fahrgast fragen ...).

Bus/Trolleybus/Tram

Für den Nichteingeweihten deutlich schwerer zu durchschauen ist der **städtische Busverkehr.** Die Haltestellen sind mit einem **„A" (für Awtobus)** und **„T" für Trolleybus** markiert, die Pläne an den Haltestellen sind aber stets nur auf Kyrillisch. Die Nummer des Busses und dessen Fahrtrichtung sind vorne am Bus angegeben. Bezahlt wird im Bus beim *konduktor,* der zu den neu eingestiegenen Fahrgästen kommt und bar abkassiert (40 Rub). Um bei vollem Bus dem Schaffner (und sich selbst) das Leben leichter zu machen, empfiehlt es sich, vor der Fahrt das passende Kleingeld herauszukramen.

Es gibt in Petersburg auch ein extensives **Straßenbahnnetz,** das allerdings eher außerhalb des touristischen Zentrums operiert. Auch hier zahlt man sein Ticket (40 Rub) in der Tram bei einem Schaffner.

- Eine sehr hilfreiche, englischsprachige **Website** ist http://spb.rusavtobus.ru. Ihre Suchfunktion berechnet alle möglichen Verbindungen zwischen Stand- und Zielort und berücksichtigt dabei sämtliche städtischen Verkehrsmittel.

Marschrutka

Eine im ganzen post-sowjetischen Raum anzutreffende Kuriosität sind die privaten Minibusse, *marschrutki* genannt. Sie entstanden in den frühen 1990er-Jahren. Die Minibusse fahren entlang fester Routen, unterscheiden sich aber von den regulären Bussen in Größe und recht **extravaganter Handhabung des Ein- und Ausstiegs:** Früher konnte man diese Gefährte einfach per Handzeichen stoppen, auch der Ausstieg wurde nach eigenen Wünschen durch Ansage beim Fahrer gestaltet. Mittlerweile dürfen die Minibusse ihre Fahrgäste nur noch an festen Haltestellen aufsammeln, der individuelle Ausstieg ist aber noch immer möglich. Wer aussteigen möchte, sollte dem Fahrer lauthals ein *Astanowitje Paschalsta* (Anhalten bitte!) zurufen, woraufhin der Fahrer schnellstmöglich stoppt.

Die Marschrutki sind (meist) durch ein **K** vor der Nummer des Busses gekennzeichnet, optisch aber ohnehin leicht von einem regulären Bus zu unterscheiden. Gleich nach dem Einstieg wird beim Fahrer bezahlt (40 Rub), bei vollem Bus (was die Regel ist) reichen hinten zusteigende Passagiere das Fahrgeld nach vorne durch. Auch **Wechselgeld und Ticket** wandern auf diese Weise zurück. Wer vorne steht, kann mitunter die ganze Fahrt über damit beschäftigt sein, Geld in Empfang zu nehmen und Fahrscheine durchzureichen ...

Ausflugsboote

Fast an jeder Petersburger Brücke stehen Ausflugsboote für Kanal- und Flussrundfahrten bereit und eine Bootsrundfahrt ist sicher einer der schönsten Wege, die Stadt zu erkunden. Ein sehr schöner Ausgangspunkt ist die **Anitschkow-Brücke** (19). Die Preise für eine 75-minütige Rundfahrt liegen hier bei 650 Rub für eine russischsprachige Tour, englische Touren sind fast doppelt so teuer.

Taxi

Es gibt in Petersburg sowohl offizielle Taxiunternehmen als auch Horden privater Taxifahrer. Generell wird empfohlen, nur lizenzierte Taxis zu nutzen (s. u.). Wer auf Nummer sicher gehen möchte: Bei Fahrten vom Flughafen in die Stadt das offizielle Flughafentaxi nehmen, bei Hotelaufenthalten das Taxi zurück zum Flughafen durch das Hotel rufen lassen. Wer ein Taxi auf der Straße anhält, sollte vor der Fahrt immer den Preis bis zum Ziel erfragen *(skolko stojit dojechat do ...)*. Wenn einem dieser zu hoch erscheint oder der Fahrer nicht vertrauenswürdig wirkt – nicht einsteigen. Der Preis für eine Strecke von 5 km sollte um die 300 bis 400 Rub liegen. Wer ein offizielles Taxi per Telefon bestellt, bekommt stets den Preis angesagt. Bekannte Anbieter sind:

- **068 Taxi**, www.taxi068.ru, Tel. 812 324 77 77
- **Taxovichkof**, www.taxovichkof.ru, Tel. 812 333 00 02
- **777 Taxi**, www.777taxi.ru, Tel. 8127771777

Alle genannten Anbieter lassen sich auch online und in englischer Sprache buchen.

Wetter und Reisezeit

Das nördliche, maritime Petersburger Klima hat nicht den besten Ruf. Die **Winter** sind düster und lang, die **Sommer** kurz, mitunter verregnet und eher skandinavisch kühl. Der **maritime Einfluss** bewirkt, dass die üblicherweise mit dem russischen Kontinentalklima assoziierten Wetterextreme nicht zu erwarten sind. Im Winter wird es selten kälter als –10 °C, im Sommer werden 30 °C kaum überschritten. In jedem Fall sollten auch im Sommer eine regentaugliche Jacke und ein Pullover auf die Reise mitgenommen werden.

Reisende sollten sich bei der **Wahl der Reisezeit** nach ihren Plänen vor Ort richten und auch die über das Jahr stattfindenden Festivals in Betracht ziehen. *Die* beste Reisezeit gibt es nicht bzw. ist von den individuellen Interessen abhängig. Wer unbedingt die **Weißen Nächte** erleben möchte, dem hilft der Hinweis wenig, dass die Stadt gerade dann aus allen Nähten platzt. Und so düster der Petersburger Winter sein mag: Ein verschneites Petersburg zu Neujahr hat einen unvergleichlichen Zauber. Generell erstreckt sich die **touristische Hauptsaison** von Mai bis Ende August. Sie beginnt in der ersten Maiwoche, wenn über die Maifeiertage und den Tag des Sieges (9. Mai) Scharen russischer Touristen in die Stadt einfallen. In den **Weißen Nächten** (Ende Mai bis Mitte Juli) ist die Stadt so voll wie der Bauch der Gogolschen Romanfigur Tschitschikow nach ihrem Abendessen beim Gutsherren Pjetuch. So grandios dieses wundervolle Naturschauspiel sicher ist: Mit endlosen Warteschlangen, übervollen Hotels (früh buchen!) und Menschenmassen allenthalben ist zu rechnen. Wesentlich entspannter sieht es in der Nebensaison (September bis Ende April) aus. Auch die Hauptattraktionen (z. B. Eremitage 2, Großer Palast in Peterhof, Katharinenpalast) lassen sich nun stressfrei besichtigen, mitunter hat man die Museumssäle gar ganz für sich selbst.

Petersburger lieben die **letzte Aprilwoche** und schwören Stein und Bein darauf, dass sie stets **niederschlagsfrei und warm** ist – Erfahrungen, die der Autor bestätigen kann. Zudem ist es bereits bis weit nach 21 Uhr hell. Dennoch bevorzugt der Autor als Reisezeit **Anfang September** – im April sind nämlich die Parks geschlossen und die Springbrunnen noch nicht angeschaltet!

Wetter in St. Petersburg

Durchschnitt	Jan	Febr	März	Apr	Mai	Juni	Juli	Aug	Sept	Okt	Nov	Dez
Maximale Temperatur	-5°	-4°	1°	8°	16°	20°	22°	20°	15°	8°	2°	-2°
Minimale Temperatur	-11°	-10°	-5°	1°	7°	11°	14°	13°	8°	3°	-2°	-7°
Regentage	10	9	9	7	7	9	10	11	12	12	12	12

ANHANG

053sp Abb.: sas

Kleine Sprachhilfe Russisch

Die Sprachhilfe wurde dem Kauderwelsch-Sprachführer „Russisch – Wort für Wort“ von Elke Becker aus dem Reise Know-How Verlag entnommen. Um die Aussprache zu erleichtern, wurde (nur in vorliegendem Sprachführer, nicht im Rest des Buches) die folgende Lautumschrift verwendet. Die Betonung liegt jeweils auf dem unterstrichenen Buchstaben.

А, а	**a**	Р, р	**r** (gerollt)
Б, б	**b**	С, с	**s** (scharf)
В, в	**w**	Т, т	**t**
Г, г	**g**	У, у	**u**
Д, д	**d**	Ф, ф	**f**
Е, е	**e, je**	Х, х	**ch** (rau)
Ё, ё	**jo**	Ц, ц	**ts**
Ж, ж	**sh** (weich)	Ч, ч	**tsch**
З, з	**z** (weiches s)	Ш, ш	**sch** (scharf)
И, и	**i**	Щ, щ	**schtsch**
Й, й	**j** (meist stumm)	Ъ, ъ	(Härtezeichen, stumm)
К, к	**k**	Ы, ы	**y**
Л, л	**l**	Ь, ь	**j** (Weichheitszeichen, nur nach t, d)
М, м	**m**		
Н, н	**n**	Э, э	**ä**
О, о	**o**	Ю, ю	**ju**
П, п	**p**	Я, я	**ja**

Die wichtigsten Fragen

Есть ...?	**Jestj ...?**	Gibt es ...?
У вас есть ...?	**U was jestj ...?**	Haben Sie ...?
Я ищу ...	**Ja ischtschu ...**	Ich suche ...
Мне нужно ...	**Mnje nushno ...**	Ich brauche ...
Дайте мне, пожалуйста ...	**Dajtje mnje poshalsta ...**	Geben Sie mir bitte ...
Где можно купить ...?	**Gdje moshno kupitj ...?**	Wo kann man ... kaufen?
Сколько стоит ...?	**Skolko stoit ...?**	Wie viel kostet ...?
Где ...?	**Gdje ...?**	Wo ist ...?
Где находится ...?	**Gdje nachoditsa ...?**	Wo befindet sich ...?
Я хочу на ...	**Ja chotschu na ...**	Ich möchte nach ...
Как мне лучше пройти к ...?	**Kak mnje lutsche projti k ...?**	Wie komme ich am besten zu/nach ...?
Проводите меня, пожалуйста к ...	**Prowoditje menja poshalsta k ...**	Bringen Sie mich bitte zu/nach ...
Помогите мне, пожалуйста!	**Pomogitje mnje poshalsta!**	Helfen Sie mir bitte!
Счёт, пожалуйста!	**Schtschot poshalsta!**	Die Rechnung bitte!

Die wichtigsten Floskeln und Redewendungen

Да	**da**	ja
Нет	**njet**	nein
Спосибо	**spasibo**	danke
Пожалуйста	**poshalsta**	bitte
Спосибо, вам тоже!	**Spasibo, wam toshe!**	Danke gleichfalls!
Здравствуйте!	**Zdrastwujtje!**	Guten Tag! (jede Tageszeit)
Добро пожаловать!	**Dobro poshalowatj!**	Herzlich willkommen!
Как поживаете?	**Kak poshiwajetje?**	Wie geht es Ihnen?
Спосибо, хорошо.	**Spasibo, choroscho!**	Danke gut.
К сожалению, плохо.	**K-soshaleniju, plocho.**	Leider schlecht.
До свидания!	**Do-swidanja!**	Auf Wiedersehen!
Привет!	**Priwjet!**	Hallo!
Пока!	**Poka!**	Tschüss!
Хорошо!	**Choroscho!**	In Ordnung!
Я не знаю.	**Ja nje znaju.**	Ich weiß nicht.
Приятного апетита!	**Prijatnowo apetita!**	Guten Appetit!
На здоровые!	**Na-zdarowje!**	Zum Wohl! Prost!
Извините!	**Izwinitje!**	Entschuldigung!
Мне очень жаль!	**Mnje otschen shal!**	Es tut mir sehr leid!

Wochentage

Понедельник	**ponjedjeljnik**	Montag
Вторник	**wtornik**	Dienstag
Среда	**sreda**	Mittwoch
Четверг	**tschetwerg**	Donnerstag
Пятница	**pjatnitsa**	Freitag
Суббота	**subbota**	Samstag
Воскресенье	**woskresenje**	Sonntag

Die wichtigsten Fragewörter

где	**gdje**	wo
откуда	**otkuda**	woher
куда	**kuda**	wohin
почему	**potschemu**	warum
как	**kak**	wie
кокой	**kakoj**	welcher
сколько	**skolko**	wie viel
когда	**kogda**	wann
с каких пор	**s-kakich por**	seit wann
у кого	**u kowo**	bei wem, wer hat

Die wichtigsten Richtungsangaben

справа	**sprawa**	rechts
направо	**naprawo**	nach rechts
слева	**sljewa**	links
налево	**naljewo**	nach links
прямо	**prjamo**	geradeaus
назад	**nazad**	zurück
напротив	**naprotiv**	gegenüber
всё дальше	**vsjo dalsche**	immer weiter
далеко	**daleko**	weit
недалеко	**nedaleko**	nah
перекрёсток	**perekrjostok**	Kreuzung
светофор	**swetofor**	Ampel
за городом	**za gorodom**	außerhalb der Stadt
в центре	**v-tsentrje**	im Zentrum
здесь	**zdjes**	hier
сразу здесь	**srazu zdjes**	gleich hier
там	**tam**	dort
за углом	**za uglom**	um die Ecke

Die Zahlen

0	**nol**	20	**dwatsatj**
1	**odin** m, **odna** w, **odno** s	30	**tritsatj**
2	**dwa** m+s, **dwe** w	40	**sorok**
3	**tri**	50	**pjadesjat**
4	**tschetyre**	60	**schesdesjat**
5	**pjatj**	70	**sjemdesjat**
6	**schestj**	80	**wosemdesjat**
7	**sjem**	90	**dewjanosto**
8	**wosem**	100	**sto**
9	**djewjatj**	200	**dwesti**
10	**desjatj**	300	**trista**
11	**odinatsatj**	400	**tschetyresta**
12	**dwenatsatj**	500	**pjatsot**
13	**trinatsatj**	1.000	**tysjatscha**
14	**tschetyrnatsatj**	10.000	**djesjat tysjatsch**
15	**pjatnatsatj**	100.000	**sto tysjatsch**
16	**schestnatsatj**	1.000.000	**odin million**
17	**semnatsatj**		
18	**wosemnatsatj**		
19	**dewjatnatsatj**		

Zahlen setzt man so zusammen: „Tausender, Hunderter, Zehner, Einer".

21	**dwatsatj odin**
22	**dwatsatj dwa**
2333	**dwje tysjatschi trista tritsatj tri**

Das komplette Programm zum Reisen und Entdecken von REISE KNOW-HOW

- **Reiseführer** – alle praktischen Reisetipps von kompetenten Landeskennern
- **CityTrip** – kompakte Informationen für Städtekurztrips
- **CityTrip**PLUS – umfangreiche Informationen für ausgedehnte Städtetouren
- **InselTrip** – kompakte Informationen für den Kurztrip auf beliebte Urlaubsinseln
- **Wohnmobil-Tourguides** – alle praktischen Reisetipps für Wohnmobil-Reisende
- **Wanderführer** – exakte Tourenbeschreibungen mit Karten und Anforderungsprofilen
- **KulturSchock** – Orientierungshilfe im Reisealltag
- **Die Fremdenversteher** – kulturelle Unterschiede humorvoll auf den Punkt gebracht
- **Kauderwelsch Sprachführer** – vermitteln schnell und einfach die Landessprache
- **Kauderwelsch plus** – Sprachführer mit umfangreichem Wörterbuch
- **world mapping project™** – aktuelle Landkarten, wasserfest und unzerreißbar
- **Edition REISE KNOW-HOW** – Geschichten, Reportagen und Abenteuerberichte

www.reise-know-how.de **Reisen? We know how!**

Der Autor

Björn Jungius, geb. 1976 in Berlin, studierte Politologie in Berlin und New York. Als Freiwilliger der Aktion Sühnezeichen/Friedensdienste arbeitete er 1995 bis 1997 in der Gedenkstätte Majdanek in Lublin, Polen. Seitdem beschäftigt er sich mit Osteuropa. Für den Reise Know-How Verlag verfasst er gemeinsam mit Peter Koller und Martin Kopetschke den Ukraine-Reiseführer.

Mit St. Petersburg verbindet ihn seine Liebe zu Dostojewskij und zur Architektur der „Petersburger Moderne".

Der Fotograf

Sven Alfred Strecker, geb. 1976 in Berlin, beschäftigt sich seit zehn Jahren mit abstrahierender Fotografie. Zu seinem Werk zählen die Fotozyklen „Water Abstracts" und „Phytopathology". Als der Autor ihn bat, diesen Reiseführer fotografisch zu begleiten, ließ er sich nicht lange bitten.

Schreiben Sie uns

Dieses Buch ist gespickt mit Adressen, Preisen, Tipps und Daten. Unsere Autoren recherchieren unentwegt und erstellen alle zwei Jahre eine komplette Aktualisierung, aber auf die Mithilfe von Reisenden können sie nicht verzichten. Darum: Teilen Sie uns bitte mit, was sich geändert hat oder was Sie neu entdeckt haben. Gut verwertbare Informationen belohnt der Verlag mit einem Sprachführer Ihrer Wahl aus der Reihe „Kauderwelsch".

Kommentare übermitteln Sie am einfachsten, indem Sie die Web-App zum Buch aufrufen (siehe Umschlag hinten) und die Kommentarfunktion bei den einzelnen auf der Karte angezeigten Örtlichkeiten oder den Link zu generellen Kommentaren nutzen. Wenn sich Ihre Informationen auf eine konkrete Stelle im Buch beziehen, würde die Seitenangabe uns die Arbeit sehr erleichtern. Unsere Kontaktdaten entnehmen Sie bitte dem Impressum.

Impressum

Björn Jungius

CityTrip St. Petersburg

3., neu bearbeitete und komplett aktualisierte Auflage 2018

ISBN 978-3-8317-3089-6
Printed in Germany

Druck und Bindung: Media-Print, Paderborn

Herausgeber: Klaus Werner
Layout: amundo media GmbH (Umschlag, Inhalt), Peter Rump (Umschlag)
Lektorat: amundo media GmbH
Karten: Ingenieurbüro B. Spachmüller, amundo media GmbH
Anzeigenvertrieb: KV Kommunalverlag GmbH & Co. KG, Alte Landstraße 23, 85521 Ottobrunn, Tel. 089 928096-0, info@kommunal-verlag.de
Kontakt: Osnabrücker Str. 79, 33649 Bielefeld, info@reise-know-how.de

Bildnachweis

Umschlagvorderseite: Klaus Werner | Umschlagklappe rechts: Björn Jungius
Soweit ihre Namen nicht vollständig am Bild vermerkt sind, stehen die Kürzel an den Abbildungen für die folgenden Fotografen, Firmen und Einrichtungen. Björn Jungius: blj | Markus Bingel: mb | fotolia.com by adobe: fo | Sven Alfred Strecker: sas

Register

Liste der Karteneinträge

059sp Abb.: sas

Hier nicht aufgeführte Nummern liegen außerhalb der abgebildeten Karten. Ihre Lage kann aber wie die von allen Ortsmarken im Buch mithilfe der Web-App angezeigt werden (s. S. 143).

Zeichenerklärung

- Sehenswürdigkeit
- Arzt, Apotheke, Krankenhaus
- Bar, Bistro, Klub, Treffpunkt
- Café
- Kneipe, Biergarten
- Galerie
- Geschäft, Kaufhaus, Markt
- Hotel, Unterkunft
- Informationsstelle
- Internetcafé
- Jugendherberge
- Kirche
- Metrohaltestelle
- Museum
- Musikszene, Disco
- Pension
- Postamt
- Restaurant
- Schiff
- Sehenwertes
- Sonstiges
- Synagoge
- Theater
- Vegetarisches Restaurant

- Stadtspaziergang 1. bzw. 3. Tag (s. S. 8 bzw. S. 11)
- Stadtspaziergang 2. Tag (s. S. 8)
- Shoppingareale
- Gastro-/Nightlifeareal

St. Petersburg mit PC, Smartphone & Co.

QR-Code auf dem Umschlag scannen oder **www.reise-know-how.de/citytrip/petersburg18** eingeben und die **kostenlose Web-App** aufrufen (Internetverbindung zur Nutzung nötig)!

★**Anzeige der Lage und Satellitenansicht aller** beschriebenen Sehenswürdigkeiten und weiteren Orte
★**Routenführung** vom aktuellen Standort zum gewünschten Ziel
★**Exakter Verlauf** der empfohlenen Stadtspaziergänge
★**Audiotrainer** der wichtigsten Wörter und Redewendungen
★**Updates** nach Redaktionsschluss

GPS-Daten zum Download

Auf der Produktseite dieses Titels unter www.reise-know-how.de stehen die GPS-Daten aller Ortsmarken als KML-Dateien zum Download zur Verfügung.

Die Web-App und der Zugriff auf diese über QR-Codes sind eine freiwillige, kostenlose Zusatzleistung des Verlages. Der Verlag behält sich vor, die Bereitstellung des Angebotes und die Möglichkeit der Nutzung zeitlich und inhaltlich zu beschränken. Der Verlag übernimmt keine Garantie für das Funktionieren der Seiten und keine Haftung für Schäden, die aus dem Gebrauch der Seiten resultieren. Es besteht ferner kein Anspruch auf eine unbefristete Bereitstellung der Seiten.

St. Petersburg, Ausschnitt Zentrum